बैंकिंग एवं वित्तीय शब्दावली

(प्रशासनिक, विधिक एवं कंप्यूटर संबंधी शब्द समाविष्ट)

Dictionary of Banking and Financial Terms

(Includes Administrative, Legal and Computer Terms)

डॉ. सरोज गुप्ता

UNICORN BOOKS

प्रकाशक

यूनीकॉर्न बुक्स

F-2/16, अंसारी रोड, दरियागंज, नई दिल्ली-110002
☎ 23275434, 23262683, 23250704 • Fax: 011-23257790
ई-मेल: info@unicornbooks.in • वेबसाइट: www.unicornbooks.in

शाखा : मुम्बई
23-25, जाओबा वाड़ी, ठाकुरद्वार, मुम्बई-401002
☎ 022-22010941, 022-22053387
ई-मेल: rapidex@bom5.vsnl.net.in

शोरूम
➤ **पी.एम., पब्लिकेशन्स,** दिल्ली
10-बी, नेताजी सुभाष मार्ग, दरियागंज, नई दिल्ली-110002
6686, खारी बावली, दिल्ली-110006

ISBN: 978-81-7806-351-5

संस्करण : 2014

Printed at : *Param offsetters, Okhla, New Delhi-110020*

प्राक्कथन

आज का युग प्रतिस्पर्धा का युग है। तेजी से दिन-प्रतिदिन नए-नए परिवर्तन हो रहे हैं। निश्चित रूप से इस परिवर्तन और प्रतिस्पर्धा का बैंकिंग प्रणाली पर भी काफी प्रभाव पड़ा है और भारत में बैंकिंग उद्योग ने पिछले कुछ दशकों में निरंतर विकास किया है। भूमंडलीकरण, उदारीकरण, नवोन्मेष बैंकिंग, सूचना प्रौद्योगिकी के फलस्वरूप परंपरागत बैंकिंग का स्थान आज इलैक्ट्रोनिक बैंकिंग ने ले लिया है। बैंकिंग विकास की नई–नई संकल्पनाएं सामने आने लगीं, जिनमें पूंजी पर्याप्तता, विवेकपूर्ण मानदंड, आस्ति वर्गीकरण, आय निर्धारण, बासल-। से बासल-॥ और अब उसके पश्चात् बासल-III की भूमिका ने बैंकिंग क्षेत्र में क्रांति का संचार कर दिया है। नई सहस्त्राब्दि में तकनीक के बढ़ते हुए प्रयोग ने समस्त भौगोलिक सीमाएं पार कर डाली हैं और पूरा विश्व मानो एक माउस के क्लिक पर आकर ठहर गया है।

ई- बैंकिंग, इंटरनेट बैंकिंग, मोबाइल बैंकिंग, टेलीबैंकिंग, कार्डबैंकिंग आदि सूचना प्रौद्यौगिकी पर आधारित कंप्यूटरीकृत बैंकिंग के ही विभिन्न रूप हैं, जहां ग्राहकों के लेन-देन, उनकी जमाराशियां, ऋणकर्ताओं की वसूली करने योग्य धन राशियां, बैंक के आय-व्यय सहित सभी जानकारियां कंप्यूटर के माध्यम से ही प्राप्त हो सकती हैं। ऐसे बदलते बैंकिंग परिप्रेक्ष्य में हिंदी भी अपनी पारंपरिक अवधारणा से बाहर निकलकर आज केवल भाषा मात्र नहीं रह गई है बल्कि समाज की उस मुख्य अभिव्यक्ति का प्रमुख स्वर भी है जिसके पास सत्ता को गिराने-उठाने की कुंजी मौजुद है।

सही मायने में हिंदी आज हमारी जरूरत बन गई है। आवश्यकता है कि हम समय की नब्ज टटोलें और भारत की समन्वयवादी अनेकता में एकता वाली बहुरंगी गंगा-जमुना संस्कृति की वाहक हिंदी को अपनाएं। इसमें कोई दो

राय नहीं कि हिंदी ने विकास-पथ पर कई पड़ाव देखे हैं। बड़ी प्रतियोगी परीक्षाओं में हिंदी को परीक्षा का माध्यम बनाने की लड़ाई हो या फिर हिंदी भाषा को अनिवार्य विषय बनाने की कवायद। लड़ाई की लंबी श्रृंखला चली है। हिंदी विरोध की आग भड़की है लेकिन एक समृद्ध और संपूर्ण भाषा को ऐसे विरोधों की हवा छू नहीं पाती है। हिंदी के साथ भी ऐसा हुआ जरूर पर इन सबसे न तो हिंदी के विकास-पथ में कोई अवरोध खड़ा हुआ और न ही इससे भाषा के मूल स्वरूप पर कोई असर पड़ा है बल्कि इसके विपरीत हिंदी उत्तरोत्तर विकास-पथ पर अग्रसर होती रही है। वैश्वीकरण की प्रक्रिया में हिंदी की ताकत में उल्लेखनीय वृद्धि का प्रमुख आयाम इसकी विभिन्न भारतीय भाषाओं के बीच समन्वयात्मक सूत्र के रूप में विकसित होना है। सच तो यह है कि जिस नए और स्वतंत्र समाज में आज हम सांस ले रहे हैं, उसमें हिंदी से जुड़ा समाज एक प्रमुख ताकत के रूप में उभरा है। आज संसार की दो महाशक्तियां अमेरिका और चीन भी हिंदी में रूचि लेने के लिए मजबूर हैं क्योंकि उन्हें इसमें विश्व बाजार की संभावना स्पष्ट दिखाई दे रही है। परिणामत: बैंकिंग और वित्तीय क्षेत्र में नए-नए शब्द बढ़ते जा रहे हैं। स्थिति को उसकी समग्रता में समझने, बदलते वक्त का जायजा लेने के लिए, बैंकिंग–वित्तीय क्षेत्र में होने वाले परिवर्तनों से रूबरू होने के लिए यह अपेक्षित है कि पारंपरिक शब्दों के साथ-साथ नए-नए शब्दों, वित्तीय अवधारणाओं, बैंकिंग शब्दावली को आत्मसात किया जाए। अनुवाद के संदर्भ में तो यह और भी आवश्यक है क्योंकि शब्द या तो बहुत अर्थ-विस्तार लिए होते हैं या फिर बहुत अर्थ-संकोच लिए होते हैं। जब तक इन शब्दों के निहितार्थ को नहीं समझा जाएगा, अनुवाद में अर्थ का अनर्थ होने की संभावना बनी रहेगी। अत: न केवल बैंकिंग और वित्तीय क्षेत्र में होने वाले परिवर्तनों को जानने एवं समझने, बैंकिंग और वित्तीय क्षेत्र की वर्तमान स्थिति और भावी दिशा का अनुमान लगाने की दृष्टि से बल्कि संदर्भानुसार शब्दों के निहितार्थ से परिचित होने, स्वयं को अद्यतन बनाए रखने लिए बदलती शब्दावली से परिचित होना आवश्यक है।

भाषा में सरलता लाना एक कला है लेकिन यह तभी संभव है जब लक्ष्य भाषा और स्रोत भाषा की अच्छी जानकारी हो। इस पुस्तक के विभिन्न अध्यायों यथा बैंकिंग शब्दावली, प्रशासनिक शब्दावली, विधि शब्दावली आदि में विभिन्न शब्दों के साथ-साथ संदर्भानुसार ऐसे शब्दों पर भी चर्चा की गई है जो वित्तीय क्षेत्र में अपेक्षाकृत नए हैं और जिनकी अवधारणाएं उनके सामान्य प्रयोग से अलग हट कर हैं।

सुविधा की दृष्टि से इस पुस्तक को दस लघु अध्यायों में विभाजित किया गया है।

- **प्रथम** अध्याय "बदलता बैंकिंग परिदृश्य और हिंदी की विकास – यात्रा " में बैंकिंग के बदलते स्वरूप पर चर्चा करने के साथ-साथ बैंकिंग के संदर्भ में हिंदी की महत्वपूर्ण भूमिका को उजागर किया गया है। साथ ही राजभाषा हिंदी के सैद्धांतिक पक्ष (राजभाषा अधिनियम, धारा-3 (3), राजभाषा नियम 1976 आदि) और विकासात्मक पक्ष का संक्षिप्त परिचय देते हुए आम जनता में बैंकिंग सेवाओं व वित्तीय क्षेत्र की वास्तविक समझ विकसित करने में सशक्त माध्यम के रूप में जन-जन की भाषा हिंदी की अनिवार्यता को रेखांकित किया गया है।
- द्वितीय अध्याय "बैंकिंग शब्दावली" में बैकिंग कामकाज में प्राय: प्रमुख रूप से प्रयुक्त होने वाले शब्दों का हिंदी रूपांतर दिया गया है जिससे अपना दैनिक कार्य हिंदी में करने के लिए स्टाफ-सदस्य सक्षम हो सकें और उनका आत्मविश्वास बढ़ सके । यही नहीं,आम आदमी भी, जो आज अपने परिवेश के प्रति पूरी तरह जागरूक है और किसी न किसी रूप में बैंकिंग से जुड़ा हुआ है, बैंकिंग-व्यवहार में प्रयुक्त होने वाले शब्दों को अच्छी तरह समझते हुए विश्वासपूर्वक बैंकिंग सुविधाओं से लाभान्वित हो सके।

- **तृतीय** अध्याय "प्रशासनिक शब्दावली" में किसी भी बैंकिंग, वित्तीय संस्था या सरकारी अथवा निजी कार्यालय के प्रशासन, प्रबंधन में मूलत: प्रयुक्त होने वाले शब्दों को शामिल किया गया है। "प्रबंधन" आज दुनिया की तमाम व्यापारिक गतिविधियों के कुशल संचालन का मूलमंत्र सिद्ध हो चुका है। किसी कार्य को सफलतापूर्वक संपन्न करने के लिए आवश्यक कौशल, उपस्कर, संसाधन और रीति-नीति तथा वैचारिकता का अत्युत्तम संयोग ही प्रबंधन है। बिना प्रबंधन के कोई भी कार्य सुचारू रूप से संपन्न नहीं हो सकता। प्रत्येक कारोबार में अनिश्चितताएं होती हैं और उसके सफल संचालन के लिए कुशल प्रशासन-व्यवस्था नितांत अपेक्षित है। अत: प्रशासनिक शब्दावली का समावेश किसी भी कार्यालय के प्रबंधन को उसकी समग्रता में समझने और स्टाफ सदस्यों को उसकी सही समझ विकसित करने के संदर्भ में सहायक होगी।

- **चतुर्थ** अध्याय "विधि शब्दावली" में प्रमुखत: विधि, कानूनी दस्तावेजों, अधिनियम, नियम, प्रेस -विज्ञप्ति, करार, संकल्प, जांच-कार्यवाही, न्यायालय आदि में प्रयुक्त होने वाले शब्दों का समावेश किया गया है। वस्तुत: विधि शब्द का सामान्य अर्थ से भिन्न अर्थ होता है। विधि का उद्देश्य मानव आचरण को विनियमित करना होता है, अत: उसमें शब्दों का प्रयोग विशेष अर्थ या उसके प्रतीक रूप में किया जाता है। उदाहरणार्थ "House" का सामान्य अर्थ घर है लेकिन "house of the People" होने पर इसका अनुवाद "जनता का घर" न होकर विशिष्ट अभिव्यक्ति के रूप में "लोक सभा" होगा क्योंकि इस अभिव्यक्ति का प्रयोग भारत के संविधान में संसद के सदन के

लिए किया गया है। इसी प्रकार और भी अनेक शब्दों के विशिष्ट, प्रतीकार्थ को विधि शब्दावली में समेटने का प्रयास किया गया है।

- **पांचवें** अध्याय "कंप्यूटर शब्दावली" में आज के बदलते युग में बैंकों और अन्य सभी सार्वजनिक व निजी उपक्रमों में कंप्यूटर के बढ़ते हुए महत्व को देखते हुए संबंधित शब्दावली को "हार्डवेयर" और "सॉफ्टवेयर शब्दावली" दो भागों में विभाजित किया गया है और शब्दों की सटीक व सुबोध अभिव्यक्ति हेतु उनकी संक्षिप्त व्याख्या भी की गई है।

- **छठे** अध्याय "वित्तीय अवधारणाएं" के अंतर्गत आर्थिक क्षेत्र में प्रयुक्त होने वाले शब्दों और उनके निहितार्थ को स्पष्ट करने की दृष्टि से उनकी संक्षिप्त व्याख्या की गई है। चूंकि आर्थिक क्षेत्र जन-सामान्य के आर्थिक पहलूओं से प्रत्यक्ष रूप से जुड़ा हुआ है, अत: वित्तीय अथवा आर्थिक अवधारणाओं की सहज, सटीक व्याख्या ही उनकी वित्तीय समझ को विकसित करने में सहायक हो सकती है। वित्तीय अवधारणाएं प्राय: प्राविधिक शब्दों में व्यक्त की जाती रही हैं और वे इतनी तकनीकी हो जाती हैं कि उन्हें आम आदमी द्वारा समझना मुश्किल हो जाता है और वे हिंदी का प्रयोग करने से कतराने लगते हैं । वित्तीय क्षेत्र में ऐसे बहुत से शब्द हैं जो शाब्दिक रूप से कुछ और अर्थ एवं भावात्मक रूप से कुछ और अर्थ की व्याख्या करते हैं। उदाहरणार्थ अंग्रेजी में एक शब्द है "Money Laundaring" जिसका अर्थ होता है काले धन को सफेद बनाना अथवा अवैध धन को वैध बनाना। यदि हम "Money Laundaring" अंग्रेजी में भी शाब्दिक रूप से लें तो इसका अर्थ "धन की धुलाई" होना चाहिए लेकिन इसका प्रयोग भाव के रूप में किया गया है। भावात्मक रूप से हिंदी में इसका अनुवाद करने पर इसे "धन वैधीकरण "कहा जा सकता है। वित्तीय अवधारणाओं

की इन्हीं बारीकियों को सहज, सरल भाषा के माध्यम से इस अध्याय में स्पष्ट करने का प्रयास किया गया है।

- **सातवें** अध्याय "पारिभाषिक शब्दावली" में उन शब्दों को लिया गया है जो गत दो दशकों में आर्थिक उदारीकरण, वित्तीय क्षेत्र के सुधारों, नवोन्मेषी बैंकिंग, सिकुड़ते लाभ-मार्जिन और सूचना प्रौद्योगिकी की क्रांति में उन्नत तकनीक के फलस्वरूप बैंकिंग और वित्तीय क्षेत्र में सहज ही अवतरित हो गए हैं और जिनकी अवधारणा काफी जटिल है। आज बौद्धिक वर्ग को ही नहीं बल्कि आम आदमी, जिसे बदलती जटिल परिस्थितियों ने हर स्थिति के प्रति प्रश्नशील बना दिया है, को भी अपने दैनिक जीवन में इन शब्दों से प्राय: रूबरू होना पड़ता है और किसी विशिष्ट विषय को समझने-समझाने का काम पारिभाषिक शब्दावली के बिना दुरूह ही नहीं, असंभव भी है। पारिभाषिक शब्दावली के माध्यम से न केवल किसी विचार या कॉन्सेप्ट (concept) को समझने-समझाने के लिए नए शब्द के प्रयोग से विचारों को पंख लग जाते हैं बल्कि शब्द की परिभाषा करने से वह अस्पष्टता समाप्त हो जाती है जो उस शब्द के सामान्य अर्थ के प्रयोग में आती है। इस प्रकार विचार-विनिमय आसान और सटीक होता है।

- **आठवें** अध्याय "शब्द एक-अर्थ अनेक" में उन शब्दों पर चर्चा की गई है जिनके एक से अधिक अर्थ होते हैं और संदर्भ के अनुसार उपयुक्त शब्द-चयन आवश्यक हो जाता है जिससे स्पष्ट और सीधा संप्रेषण संभव हो सके। संबंधित अध्याय में अलग-अलग वाक्यों में उन शब्दार्थों के प्रयोग द्वारा इस बारीकी को स्पष्ट करने का प्रयास किया गया है।

- **नवें** अध्याय "मिलते-जुलते शब्द-विशिष्ट अर्थ" में उन शब्दों को लिया गया है जिनके उच्चारण में काफी समानता है लेकिन उनके

अर्थ में पर्याप्त अंतर है। बैंक का ग्राहक हो या कोई उद्यमकर्ता, स्थिति को उसके सही मायने में समझने के लिए इन शब्दों के निहितार्थ अथवा उसकी स्पष्ट अभिव्यक्ति अनिवार्य है। इसी तथ्य को ध्यान में रखते हुए इन मिलते-जुलते शब्दों को वाक्यों में प्रयोग करते हुए उनके निहितार्थ को स्पष्ट किया गया है।

- **दसवें** अध्याय "हिंदी: कुछ महत्वपूर्ण वेबसाइट" **के** अंतर्गत हिंदी से संबंधित कुछेक महत्वपूर्ण विभिन्न वेबसाइटों का संदर्भ देते हुए उनका संक्षिप्त वर्णन किया गया है। इनके माध्यम से हिंदी जगत की विभिन्न विधाओं का रसास्वादन करने के साथ-साथ नवीनतम समाचारों, धार्मिक साहित्य, विभिन्न पत्र-पत्रिकाओं और नवीनतम सॉफ्टवेयर" यूनीकोड" के उपयोग तथा राजभाषा हिंदी के विभिन्न नियम, अधिनियम आदि से संबंधित विस्तृत जानकारी सहज ही प्राप्त की जा सकती है। यहां यह उल्लेखनीय है कि प्राय: इंटरनेट और वर्ल्ड वाइड वेब को एक ही मान लिया जाता है लेकिन ये दोनों अलग-अलग हैं। स्पष्ट शब्दों में वेब सॉफ्टवेयर प्रक्रिया है जबकि इंटरनेट हार्डवेयर संसाधन है जो करोड़ों कंप्यूटरों का एक अंतरर्राष्ट्रीय नेटवर्क द्वारा सम्मलित रूप से जानकारी बांटता है। वेब इंटरनेट सर्वर की प्रक्रिया है जो विभिन्न दस्तावेजों, जो एक प्रकार की प्रोग्रामिंग भाषा में लिखे होते हैं, के समूहों का प्रयोग करती है।

संक्षेपत: उपर्युक्त सभी अध्यायों के माध्यम से बैंकिंग और वित्तीय जगत में हिंदी में कामकाज करने में सहायता प्रदान करने और इस क्षेत्र से संबंधित विभिन्न विधि, तकनीकी अवधारणाओं के विषय में आम आदमी को सजग बनाने, उसकी सही समझ विकसित करने का प्रयास किया गया है। वर्णक्रमानुसार अंग्रेजी शब्दों का यथासंभव सटीक हिंदी शब्द रखते हुए

आवश्यकतानुसार सरल सुबोध भाषा में उनकी व्याख्या की गई है ताकि अपेक्षित शब्दों तक सहज ही पहुंच संभव हो सके।

इस पुस्तक को लिखने का मुख्य उद्देश्य यह था कि यह सभी विद्यार्थियों, प्रोफेशनल्स, बैंकर्स, निवेशकों के साथ-साथ बैंकिंग और वित्तीय क्षेत्र से सीधे जुड़े आम आदमी के लिए उपयोगी रहे। मुझे विश्वास है कि यह उनकी अपेक्षाओं पर खरी उतरेगी। इस संबंध में मैं प्रेरणास्रोत के रूप में अपनी पुत्री डॉ. सुमी गुप्ता (नेत्र विशेषज्ञ) और तकनीकी सहयोग के लिए अपनी पुत्रवधु रिचा गुप्ता के साथ-साथ उन सभी विद्वानों और मित्रों के प्रति हृदय से आभारी हूं जिन्होंने इस कार्य में अपना बहुमूल्य समय देकर समय-समय पर मार्गदर्शन किया और अपने महत्वपूर्ण सुझाव देने के साथ-साथ निरंतर दृढ़ और प्रयासरत रहने के लिए प्रोत्साहित किया।

—सरोज गुप्ता

विषय- सूची

अध्याय-1

बदलता बैंकिंग परिदृश्य और हिंदी की विकास -यात्रा

परिवर्तन शाश्वत है, स्थायी है। समय का चक्र चलता रहता है और हमारे जीवन का स्वरूप उसके साथ-साथ बदलता रहता है । पिछले पचास वर्षों में वैश्वीकरण की व्यापकता ने मानव जीवन के प्रत्येक अंग को प्रभावित किया है । विशेषकर पिछले दो दशकों में तो आर्थिक जगत में नित नए परिवर्तनों की आंधी सी आ गई है। चूंकि किसी भी समाज या राष्ट्र के आर्थिक जगत की धुरी उस देश की बैंकिंग व्यवस्था होती है ,अत: बैंकिंग प्रणाली भी तदनुसार सतत परिवर्तनों के दौर से गुजरी है। आम आदमी के व्यापक व्यवहार और जीवन-शैली में परिवर्तन होने के फलस्वरूप बैंकों ने अवसर भांपकर नई-नई योजनाएं और नए-नए उत्पाद बाजार में उतारे, बेहतर सेवा के प्रमुख उद्देश्य से बैंकों ने बदलती जीवन-शैली वाले ग्राहकों में पैठ बना ली और उन्हें यह महसूस होने लगा कि अब ग्राहक को उन तक नहीं बल्कि उन्हें ग्राहक तक पहुंचना है। नयी पीढ़ी के बैंकों ने बैंकिंग प्रणाली को एक प्रतियोगितापूर्ण वातावरण दिया और ग्राहक सेवा, ग्राहक संतुष्टि तथा कार्य कुशलता दूसरों से आगे निकलने के प्रमुख साधन बने । सूचना प्रौद्योगिकी में हुई क्रांति ने बैंकिंग को कंप्यूटर और इंटरनेट जैसी आधुनिकतम तकनीकों से लैस कर दिया। मैंनुअल बैंकिंग का स्थान इलैक्ट्रॉनिक बैंकिंग ने ले लिया जिसके फलस्वरूप ग्राहक बिना बैंक आए अपने घर, कार्यालय या कहीं और से बैंकिंग के सभी लेनदेन (गैर नकदी) जैसे निधि अंतरण, डिमांड ड्राफ्ट, चेक बुक जारी निवेदन, विभिन्न बिलों (बिजली, टेलीफोन आदि से संबंधित) का भुगतान इंटरनेट के माध्यम से कर सकता है। अन्य नवीन सेवाएं जैसे फोन बैंकिंग, मोबाइल बैंकिंग,

एटीएम (क्रेडिट, डेबिट और स्मार्ट) आदि भी प्रौद्योगिकी आधारित हैं। कोर बैंकिंग प्रौद्योगिकी के उद्भव से लेन-देन सरल एवं सशक्त हो गया है और शाखा के ग्राहक अब बैंक के ग्राहक हो गए हैं। अब उन्हें किसी समय और किसी स्थान पर उनकी सुविधा के अनुसार बैंकिंग की सुविधा उपलब्ध करा दी गई है। इस प्रकार वर्तमान दशक गतिमान बैंकिंग का पर्याय बन गया है और बैंकिंग के स्वरूप में आशातीत परिवर्तन देखा जा रहा है।

पिछले कुछ वर्षों के दौरान विश्व स्तर पर बैंकिंग क्षेत्र में हुए अभूतपूर्व परिवर्तन के फलस्वरूप परंपरागत बैंकिंग से काफी भिन्न आज बैंकिंग उद्योग की एक नई तस्वीर उभर कर सामने आ रही है। एक तरफ बैंकिंग में होने वाले परिवर्तन एवं दूसरी ओर बैंक से बाहर के परिदृश्य पर मौज़ूद बदलावों ने बैंकिंग को अधिक चुनौतीपूर्ण बना दिया है। भारतीय बाजारों के खोले जाने, प्रौद्योगिकी का भारी मात्रा में विनियोजन, निरंतर विकास और बढ़ते हुए निवेश के साथ वित्तीय क्षेत्र तेजी से विकसित हुआ है और इससे परिचालन में तेजी और सेवाओं के संवितरण की सहजता को सुविधा मिली है। तत्काल ऑनलाइन कारोबारी सेवाएं, बिल भुगतान सहित प्राप्त होने वाली सेवाओं तथा और भी ऐसी कई सुविधाएं बैंकिंग को एक दूसरे युग में ले जा रही हैं। जबकि अब तक उच्च स्तर की ऐसी सेवाएं समाज के कतिपय वर्गों तक ही उपलब्ध रही हैं लेकिन इस तथ्य को नकारा नहीं जा सकता कि आबादी का एक बहुत बड़ा भाग ऐसा है जो बैंक रहित है अथवा अल्प-सुविधायुक्त बैंकों वाला है।

लाभप्रदता, अर्थक्षमता, विश्वव्यापीकरण और प्रतिस्पर्धात्मकता जैसे कुछ निष्पादन पैरामीटरों में उल्लेखनीय सफलता हासिल करने के बावजूद बैंकिंग क्षेत्र ऐसी ही सफलता वित्तीय समावेशन और वित्तीय शिक्षण के क्षेत्र में प्राप्त करने में कामयाब नहीं हुआ है। जनसाधारण और बैंकिंग सेवाओं के बीच अभी भी बड़ा फासला है।

यह एक दुखद सच्चाई है कि राष्ट्रीयकरण के बयालीस वर्षों के बाद भी भारत में बैंक जनसंख्या के व्यापक खंडों को, विशेषकर समाज के दलित शोषित तबकों को अपनी सेवाओं के दायरे में लाने, उनमें बैंकिंग सेवाओं की वास्तविक समझ विकसित करने में असफल रहे हैं, लेकिन अब इस क्षेत्र में समूचे बैंकिंग जगत और विशेषकर भारतीय रिज़र्व बैंक की सक्रिय भूमिका को नजरअंदाज नहीं किया जा सकता। संपूर्ण विश्व में वित्तीय शिक्षण ने हाल के वर्षों में अत्यधिक महत्व प्राप्त कर लिया है और इसी के साथ बैंकिंग क्षेत्र में पहले से ही विशिष्ट पद पर हिंदी की सक्रिय भूमिका कहीं अधिक महत्वपूर्ण हो उठी है क्योंकि वित्तीय बाजार लगातार जटिल होते जा रहे हैं और एक सूचना असमानता भी है जिससे सूचित विकल्प आम आदमी के लिए और अधिक कठिन बनते जा रहे हैं।

ऐसे में आम जनता को वित्तीय सुविधाओं के प्रति सजग बनाना, बचत के महत्व से परिचित कराते हुए मियादी जमा, आवर्ती जमा, साधारण जमा के विषय में शिक्षित करना और वित्तीय उत्पादों तथा जोखिमों की समझ विकसित करना और उन्हें सूचना, अनुदेश अथवा वस्तुनिष्ठ परामर्श के जरिए अधिक जागरूक बनाते हुए वित्तीय निर्णय लेने में सक्षम बनाना अत्यंत आवश्यक है और यह तभी संभव है जब जनता को जनता की भाषा में ही संबंधित समस्याओं पर चर्चा करते हुए बैंकिंग के प्रति सजग बनाया जाए, उनमें विभिन्न बैंकिंग पहलुओं के प्रति उत्सुकता पैदा की जाए जिससे आम आदमी समझ-बूझकर निर्णय ले सके, अपने फायदे-नुकसान को समझ सके और आर्थिक क्रियाओं को बेहतर ढंग से संचालित कर सके।

निस्संदेह हिंदी ही एकमात्र ऐसी भाषा है, जो समस्त भारतीय जनता को एकता के सूत्र में पिरोने का कार्य करती आ रही है। आज राजभाषा हिंदी को संविधान में शामिल हुए 60 वर्ष हो चुके हैं। 14 सितंबर 1949 को हिंदी को संघ की राजभाषा घोषित किया गया और तब से आज तक राजभाषा के पद पर आसीन हिंदी निरंतर विकास की मंजिलें तय करती जा रही है।

स्वभावत: ही यह प्रश्न उठता है कि क्या हिंदी वास्तव में अपनी विकास यात्रा के दौरान विभिन्न पड़ावों से गुजरती हुई अभीष्ट स्थान प्राप्त कर पाई है या अभी तक वह सरकारी आदेशों/निर्देशों की गिरफ्त में ही कैद है? स्थिति का सही विश्लेषण करने से पूर्व संक्षेप में राजभाषा नीति को लागू किए जाने से संबंधित सरकारी नीतियों पर दृष्टिपात करना आवश्यक हो जाता है।

राजभाषा हिंदी : सैद्धांतिक पक्ष

भारतीय संविधान सभा ने विशद विचार-विमर्श के पश्चात् 14 सितंबर 1949 को हिंदी को संघ की राजभाषा घोषित किया। 26 जनवरी 1950 को संविधान के लागू हो जाने के उपरांत अनुच्छेद 343 (1) के अनुसार देवनागरी लिपि में लिखित हिंदी विधिवत् की राजभाषा है। अनुच्छेद 343 (2) के अनुसार 15 वर्षों तक पहले की भांति अंग्रेजी का प्रयोग होता रहेगा। हिंदी को संघ की राजभाषा 1950 में ही घोषित कर दिया गया था। लेकिन केंद्र सरकार द्वारा गंभीर प्रयास सन् 1960 और विशेषकर राजभाषा अधिनियम 1963 पारित होने के बाद किए गए। सन् 1963 में पारित राजभाषा अधिनियम में 1967 में संशोधन किया गया, जिसके अनुसार 26 जनवरी 1965 के बाद भी हिंदी के अतिरिक्त अंग्रेजी का प्रयोग जारी रखा जा सकेगा। राजभाषा अधिनियम की धारा 3 (3) के अनुसार संकल्प, सामान्य आदेश, नियम, अधिसूचनाएं, प्रशासनिक तथा अन्य रिपोर्ट, प्रेस विज्ञप्तियां, संविदाएं, करार, टेंडर नोटिस आदि में हिंदी और अंग्रेजी दोनों का प्रयोग अनिवार्य किया गया। दिसंबर 1967 में संसद के दोनों सदनों ने सरकार की भाषा-नीति के संबंध में एक संकल्प भी पारित किया। सरकारी कामकाज में हिंदी के प्रयोग को बढ़ाने की दिशा में एक महत्वपूर्ण कदम के रूप में राजभाषा नियम 1976 बनाए गए, जिनसे हिंदी का प्रयोग बढ़ाने में काफी सफलता मिली। राजभाषा नियमों के अंतर्गत पूरे देश को 'क' (हिंदी

भाषी)' ख' (हिंदी जानने वाले) 'ग' (अहिंदी भाषी)तीन भागों में विभाजित किया गया। राजभाषा नियम बन जाने के पश्चात् ही बैंकों में हिंदी के कार्य को मूल रूप दिया जा सका है। यह तो हुई राजभाषा हिंदी के संबंध में बने नियमों/अधिनियमों की संक्षिप्त चर्चा, पर आज राजभाषा इन नियमों/अधिनियमों और इनकी विभिन्न धाराओं का अनुपालन करते हुए प्रगति के किस मुकाम पर जा पहुंची है, इसके लिए राजभाषा के विकासात्मक पहलू पर दृष्टिपात करना अपेक्षित है।

राजभाषा हिंदी : विकासात्मक दौर

इसमें कोई संदेह नहीं कि संविधान द्वारा हिंदी को संघ की राजभाषा घोषित किए जाने के पश्चात् सरकारी काम-काज में हिंदी के प्रयोग हेतु राजभाषा अधिनियम एवं नियम बनाए गए। लेकिन यह सच है किस सांविधिक प्रावधान, राजभाषा अधिनियम एवं राजभाषा के संबंध में जारी किए गए राष्ट्रपति महोदय के आदेशों के बलबूते कागजों पर तो लक्ष्य प्राप्ति हो सकती थी लेकिन राजभाषा हिंदी को उसका अपेक्षित स्थान दिलाने के लिए आवश्यक था कि कर्मचारी स्वत: ही हिंदी को अपनाएं और उनमें मूल लेखन की प्रवृत्ति विकसित हो।

सरकारी कार्यालयों में हिंदी में काम को बढ़ावा देने तथा स्टाफ सदस्यों के हिंदी में कार्य करने हेतु स्वत: प्रेरित करने की दृष्टि से हिंदी शिक्षण योजना, हिंदी कार्यशालाओं का आयोजन, हिंदी पुस्तकालय, हिंदी सॉफ्टवेयर प्रशिक्षण, आज का शब्द प्रदर्शित करना, विभिन्न प्रतियोगिताओं एवं समारोह का आयोजन, प्रशंसा पत्र-प्रदान करना, शील्ड प्रतियोगिता, मौलिक पुस्तक लेखन, स्वैच्छिक हिंदी संस्थाओं को वित्तीय सहायता प्रदान करना आदि विभिन्न विकासात्मक गतिविधियां आरंभ की गईं। निश्चित रूप से इन गतिविधियों के फलस्वरूप कार्यालयों में हिंदी का प्रयोग तेजी से बढ़ा है।

आज हिंदी भाषियों के लिए इंटरनेट कोई दूर की चीज नहीं। सूवी इन्फार्मेशन सिस्टम लिमिटेड ने हिंदी की पहली वेबसाइट शुरू की – वेब दुनिया।

डब्ल्यू.डब्ल्यू.डब्ल्यू. डॉटवेबदुनियाडॉटकॉम(www.webduniya.com) यानि सारा संसार हिंदी में। हिंदी में इंटरनेट में जुड़ने की शुरूआत 'वेब दुनिया' से हुई और आज निरंतर विकसित होती जा रहीं अनेक वेबसाइट (www.bhashaindia.com.;www.unicode.org.;www.hindinest.com; www.rajbhasha.nic.in; www.abhivaykti-hindi.org) हिंदी में उपलब्ध हैं, जिनके फलस्वरूप सूचनाओं के समृद्ध संसार में हिंदी भाषियों का प्रवेश सहज हो गया है। यही नहीं, हिंदी सॉफ्टवेयर में भी निरंतर नई नई -संभावनाएं जुड़ती जा रही हैं। आज हिंदी में अनेक नए सॉफ्टवेयर यथा अक्षर, लीप, शब्द रत्न, एपीएस, आकृति और अब यूनिकोड विकसित हो रहे हैं। पूर्णत: फोनेटिक होने के कारण यूनिकोड के प्रवेश से तो हिंदी कार्य में मानो क्रांति ही आ गई है। हिंदी की वह आंतरिक शक्ति ही है कि उसने विभिन्न बाधाओं के बावजूद विश्व में दूसरी भाषा के रूप में, भारत जैसे विविधताओं वाले देश में बहुत बड़े वर्ग की जन–भाषा तथा सबसे बड़ी संपर्क भाषा के रूप में अपनी पहचान बनाई है। हिंदी सिनेमा, मीडिया, बाजार और सबसे अधिक बैंकिंग क्षेत्र में आज हिंदी का यह विहान अपनी नयी अरुणिमा के साथ दैदीप्यमान हो उठा है।

संक्षेपत: आज के बदलते बैंकिंग परिदृश्य में हिंदी की महत्वपूर्ण भूमिका असंदिग्ध है। आम आदमी के जीवन में उत्थान लाने, उसका विकास करने, उसे वित्तीय क्षेत्र से जोड़ने और वित्तीय गुत्थियों को सुलझाने की समझ विकसित करने के लिए माध्यम के रूप में हिंदी से बढ़कर अन्य कोई विकल्प नहीं है । हिंदी अपनी नव सृजनात्मकता की अकूत शक्ति के साथ हमारे आस-पास हर कदम पर अपनी अनिवार्य मौजूदगी का अहसास दिला रही है और संभवत: हिंदी की इसी अहम भूमिका के मद्देनजर ऐसा महसूस

होने लगा है कि आज हिंदी को बैंकिंग की नहीं बल्कि बैंकिंग को हिंदी की कहीं ज्यादा जरूरत है। निश्चय ही हिंदी के आलोक में वित्तीय शिक्षण प्रक्रिया का सुचारु व प्रभावी कार्यान्वयन आज की विकसित अर्थव्यवस्था की अनिवार्यता ही नहीं, उसका मूलधार भी है और इस दिशा में भारतीय रिज़र्व बैंक के सतत सक्रिय प्रयासों और लक्ष्य के प्रति कटिबद्धता के फलस्वरूप वह दिन दूर नहीं है जब प्रत्येक भारतीय जन अपनी ही सहज, सरल हिंदी भाषा के माध्यम से तमाम प्रकार की वित्तीय सेवाओं की जानकारी से लैस होकर स्वतंत्र निर्णय लेने में सक्षम होगा। निश्चय ही वैश्वीकरण की प्रक्रिया जितनी तेज होगी, हिंदी उतनी ही सक्रियता से नई दिशाओं में नए कीर्तिमान स्थापित कर सकेगी, इसमें कोई संदेह नहीं।

❑

अध्याय 2

बैंकिंग शब्दावली

"A"

Abatement Certificate	कटौती प्रमाण पत्र
Abbreviation	संक्षेप
Abdicate	पद त्याग देना
Abide by	पालन करना
Ability to invest	निवेश सामर्थ्य, पैसा लगाने की क्षमता
Abnormal Increase	असामान्य वृद्धि
Aboard	जहाज पर / पोत पर
Abolition	उन्मूलन
Aboriginal	आदिवासी
Above Par	अधिमूल्य पर
Abridged Report	संक्षिप्त रिपोर्ट
Absolute and unconditional	पूर्ण और शर्त रहित
Absolute Monopoly	पूर्ण एकाधिकार
Absolute scarcity	भारी कमी

Absorption	आमेलन, अवशोषन
Abstract book	सार पुस्तिका
Abuse of power	शक्तियों का दुरुपयोग
Academic qualifications	शैक्षणिक योग्यता
According to principles	तथ्यों के अनुसार
Agricultural Credit Board	कृषि ऋण बोर्ड
Acceded to	स्वीकार किया गया
Acceleration of prices	कीमतों का बढ़ना
Acceptance for honour	मानार्थ स्वीकृति
Acceptance in principle	सैद्धांतिक स्वीकृति
Acceptance of office	पद स्वीकृति
Access to capital market	पूंजी बाजार तक पहुंच
Accessories	सहायक उपकरण
Accessary licence	अनुषंगी लाइसेंस
Accomodation letter	अनुग्रह पत्र
Accord priority	प्राथमिकता देना
According to rule	नियमानुसार
Account for	हिसाब देना, कारण बताना
Account head	लेखाशीर्ष

Account system	लेखा-प्रणाली
Account live	सक्रिय खाता
Account loro	उनका खाता
Account payee	आदाता खाता
Account residuary	अवशिष्ट लेखा
Account unoperated	निष्क्रिय खाता
Account vostro	आपका खाता
Accretion	अभिवृद्धि
Accrual of interest	ब्याज का उपचय
Accumulated goods	संचित माल
Acid test ratio	साख निर्धारण अनुपात
Acknowledgement	पावती/प्राप्ति -सूचना
Acquisition of assets	आस्तियों का अभिग्रहण
Accquitance roll	भुगतान पंजी
Acting in official capacity	पद की हैसियत से कार्य करते हुए
Action Committee	कार्रवाई समिति
Actual estate	स्थावर संपदा
Actuals	वास्तविक आंकड़े
Actuals and targets	वास्तविक आंकड़े और लक्ष्य

Ad valorem duty	यथामूल्य शुल्क
Addendum	अनुशेष
Additional charges	अतिरिक्त प्रभार
Adequacy	पर्याप्तता
Adhoc benefit	तदर्थ लाभ
Adjudicate	अधिनिर्णय
Adjusting entry	समायोजक प्रविष्टि
Advance payment	अग्रिम भुगतान
Affairs	कार्य /मामले
Affidavit	शपथ-पत्र /हलफनामा
Aged fail	सीमित वैधता खाता
Agenda	कार्यसूची
Agricultural finance	कृषि वित्त
Aided	सहायताप्राप्त
Allocation	विनिधान
Allonge	पृष्ठांकन पर्ची, बेचान पर्ची
Alphabetical indexing	वर्णानुसार सूची बनाना
Always tended to sag	बढ़ने की प्रवृत्ति
Amendment	संशोधन

Amortisation	परिशोधन
Ancillary industry	अनुषंगी उद्योग
Annuity certificate	वार्षिकी प्रमाण-पत्र
Antedated cheque	पूर्वदिनांकित चैक
Anticipated expenditure	प्रत्याशित व्यय/ खर्च
Anti- inflationary policy	मुद्रास्फीति विरोधी नीति
Appraising officer	मूल्यांकन अधिकारी
Approvals	स्वीकृत राशियां
Appropriate action	उचित कार्रवाई
Aptitude test	अभिक्षमता परीक्षण
Arbitrage	अंतरपणन
Articles of association	संस्था/ संघ के अंतर्नियम
As a last resort	अंतिम उपाय के रूप में
Ascertain	पता लगाना/ सुनिश्चित करना
Assessee	निर्धारिती
Assessment year	निर्धारण वर्ष
Assets	परिसंपत्तियां / आस्तियां
Assets Intangible	अमूर्त आस्तियां
Assumption of charge	कार्यभार ग्रहण

At par	सममूल्य पर
At best	सर्वश्रेष्ठ मूल्य पर
Attachment order	कुर्की आदेश
Attendant risk	अनुवर्ती जोखिम
Audit team	लेखा परीक्षा दल
Authorised signature	अधिकृत हस्ताक्षर
Authority to draw	आहरण का प्राधिकार
Autonomous body	स्वायत्त निकाय
Auxiliary capital	सहायक पूंजी
Avoidable interest	परिहार्य ब्याज

"B"

Backer	धन लगाने वाला
Backlog	पिछला शेष कार्य
Back seat driving	हस्तक्षेप करना
Bad paper	अविनिमेय पत्र
Balance at credit	बकाया रोकड़
Balance book	शेष बही / तुलन बही
Bad debts	अशोध्य ऋण

Bail	जमानत
Bailable action	जमानत योग्य कार्रवाई
Balance, credit	जमा शेष / क्रेडिट शेष
Balloon maturity	लंबी परिपक्वता
Bank authorized to deal in foreign exchange	विदेशी मुद्रा में लेनदेन के लिए प्राधिकृत बैंक
Bank compensation bonds	बैंक क्षतिपूर्ति बांड
Banking coverage	बैंकिंग सुविधायुक्त क्षेत्र
Bank indigenous	देशी बैंक
Bank merger	बैंक विलयन
Bank reconciliation statement	बैंक समाधान विवरण
Banking regulation	बैंककारी विनियम
Bank reserve	बैंक प्रारक्षित निधि
Bank of standing	प्रतिष्ठित बैंक
Bargain sale	सस्ती बिक्री
Bargaining position	सौदेबाजी की स्थिति
Barley adequate	मुश्किल से पर्याप्त
Bankrupt	दिवालिया
Basket of currency	विविध मुद्रा समूह

Benchmark year	निर्धारण/आधार वर्ष
Beneficial expenditure	हितकारी व्यय
Benefit of partnership	साझेदारी की सुविधा
Benevolent fund	हितकारी निधि
Bearer cheque	वाहक चैक
Bearish spell	मंदड़िया प्रभाव
Bidding	बोली लगाना
Bilateral agreement	द्विपक्षीय करार
Bill of entry	आयात-पत्र
Bill of lading	लदान पत्र
Black gold	पैट्रोलियम
Blanket	निर्बंध/व्यापक
Blind pool	अनिश्चित करार
Block loans	एकमुश्त ऋण
Blocked capital	अवरुद्ध पूंजी
Blue chip	श्रेष्ठ शेयर
Bonafied payment	वास्तविक भुगतान
Bonded value	कर रहित मूल्य
Book value	अंकित मूल्य

Border line risk	सीमित जोखिम
Boottom fishing	गहन जांच-पड़ताल के बाद ग्राहक बनना
Break even point	लाभ-अलाभ स्थिति
Bring round	मना लेना
Brisk trading	अधिक लेनदेन
Brittle note	खस्ता हाल नोट
Brought forward	पीछे से लाया गया, पिछला जोड़
Bubble	अस्थिर स्थिति
Bucket shop	मौकापरस्त संगठन
Buffer stock	सुरक्षित भंडार
Buyback facility	वापस खरीदने की सुविधा
Breach of agreement	करार भंग
Brisk trading	अधिक लेन-देन
Broad money	स्थूल मुद्रा
Budget provision	बजट प्रावधान
Bucket shop	मौकापरस्त संगठन
Business hours	कार्य-समय / कारोबारी समय

By due date	नियत तारीख तक
By virtue of office	पद के नाते

“C”

Call in arrears	शेयर मांग की बकाया राशि
Call money	मांग मुद्रा
Cancelled notes	रद्द / निरस्त नोट
Capital adequacy	पूंजी पर्याप्तता
Cash down	एकमुश्त नकद
Cash reserve ratio	प्रारक्षित नकदी निधि अनुपात
Casting vote	निर्णायक मत
Caution money	अवधान राशि
Cease to have effect	प्रभावी न रहना
Ceiling for loans	ऋणों की उच्चतम सीमा
Central excise	केंद्रीय उत्पाद शुल्क
Cess	उपकर
Certificate of indemnity	क्षतिपूर्ति प्रमाण-पत्र
Charge allowance	कार्यभार भत्ता

Charter of demands	मांग-पत्र
Cheque, antedated	पूर्वदिनांकित चैक
Cheque, limited	सीमित राशि का चैक
Cheque, postdated	उत्तर दिनांकित चैक
Cheque, stale	गतावधि / पुराना चैक
Clean advance	बेजमानती उधार
Cleared security	समाशोधित प्रतिभूति
Clerical error	लेखन की गलती
Closing balance	अंतिम शेष
Closing of accounts	लेखाबंदी
Coin, counterfeit	जाली सिक्का
Collateral security	संपार्श्विक प्रतिभूति
Cold calling	सौदेबाजी
Comfort letter	आश्वासन पत्र
Commercial bank	वाणिज्य बैंक
Commutation of pension	पेंशन का रूपांतरण / सारांशीकरण
Compensation	क्षतिपूर्ति / मुआवजा
Composition with creditors	लेनदारों से समझौता

Concessional rate	रियायती दर
Consortium finance	सहायता संघीय वित्त
Contigency fund	आकस्मिकता निधि
Contributory provident fund	अंशदायी भविष्य निधि
Corporate body	निगमित निकाय
Corrigendum	शुद्धि-पत्र / भूल सुधार
Cost of living index	निर्वाह्-व्यय सूचकांक
Cost me	ऊंची लागत खरीद
Cottage industry	कुटीर उद्योग
Counterfeit coin	खोटा सिक्का
Cover to cover	आदि से अंत तक
Cram down deal	थोपा गया सौदा
Credit curbs	ऋण नियंत्रण
Crunch of resources	संसाधनों की कमी
Currency ,contraction of	मुद्रा–संकुचन
Currency swap	मुद्रा की अदला - बदली
Custodian of deposits	निक्षेप अभिरक्षक
Cut of point	निर्दिष्ट सीमा

“D”

Damage claim	क्षतिपूर्ति दावा
Data processing	आंकड़ा अभिसंस्करण
Date of maturity	परिपक्वता तिथि
Day-to day business	दैनंदिन कारोबार
Dead Account	निष्क्रिय खाता
Dead loan	अशोध्य /बट्टा ऋण
Deadlock	गतिरोध
Debenture	ऋण पत्र
Debit balance	नामे शेष
Debt servicing	ऋण भुगतान /शोधन
Debtor country	ऋणी देश
Deceased depositer	मृत जमाकर्ता
Declaration of solvency	शोधन-क्षमता की घोषणा
Declining price	गिरती कीमतें/ गिरता भाव
Deduction at source	स्रोत पर कटौती
Default amount	चूक की राशि
Deflation	अपस्फीति
Deferred payment	आस्थगित

Deficit budget	घाटे का बजट
Defunct institution	निष्क्रिय संस्था
Delegation	प्रतिनिधि मंडल
Delimitation	परिसीमन
Defray	हिसाब चुकाना
Denomination-wise classification	मूल्यवर्गानुसार वर्गीकरण
Deposit mix	विभिन्न जमाराशियां
Depreciation fund	मूल्यह्रास निधि
Depression	मंदी
Dilapidated notes	जीर्ण–शीर्ण नोट
Directly or indirectly	प्रत्यक्ष या परोक्ष रूप से
Discretionary limit	विवेकाधीन ऋण सीमाएं
Discharged bankrupt	उन्मुक्त दिवालिया
Discharge certificate	चुकौती प्रमाणपत्र
Discount rate	बट्टादर
Disposable deposits	प्रयोज्य जमा राशियां
Distant return	दीर्घकालीन प्रतिलाभ
Ditto	यथोपरि, वही

Document of title to goods	माल का स्वत्व प्रलेख/माल पर हक का दस्तावेज
Down payment	तत्काल अदायगी
Drawing power	आहरण अधिकार
Duty, restrictive	प्रतिबंधी शुल्क

"E"

Earnest money	बयाना / अग्रिम धन
Economic crisis	आर्थिक संकट
Economic dimensions	आर्थिक आयाम
Economies of scale	बड़े पैमाने की किफायतें
Economy	अर्थव्यवस्था, मितव्ययिता, किफायत
Economy, controlled	नियंत्रित अर्थव्यवस्था
Effective custody of security	जमानत / प्रतिभूति की प्रभावी अभिरक्षा
Effective yield	प्रतिफल की दर
Eject	बेदखल
Economy measures	मितव्ययिता के उपाय

Element of double financing	दुहरे वित्तपोषण का तत्व /अंश
Emerging economics	उभरती अर्थव्यवस्थाएं
Emigrant	उत्प्रवासी
Empirical investigation	अनुभव मूलक जांच
Enactment	अधिनियमन
Encumbered estate	भारग्रस्त संपदा
End product	अंतिम उत्पाद
Exhausted permit	नि:शेष परमिट
Execution of agreement	करार / समझौता-निष्पादन
Excess grant	बेशी अनुदान
Equalisation fund	समकारी निधि
Equilibrium	संतुलन
Equitable mortgage	साम्यिक बंधक
Escalation in prices	मूल्यों में होने वाली वृद्धि
Escrow account	निलंब लेखा
Estate real	स्थावर संपदा
Eventual disposal	अंतिम निपटान
Exchequer	राजकोष

Excise duty	उत्पाद शुल्क
Ex-dividend	लाभांश रहित
Ex gratia grant	अनुग्रह अनुदान
Ex officio	पदेन
Expired loan	अवधि समाप्त / कालातीत ऋण
Extent applicable	आवश्यक सीमा

"F"

Fabrication of document	जाली दस्तावेज बनाना
Face value	अंकित मूल्य
Fact finding	तथ्यान्वेषण
Facsimile signature	प्रतिकृति हस्ताक्षर
Farm tenancy	काश्तकारी
Fast buck	आसान मुद्रा
Fast track facility	शीघ्र निपटान सुविधा
Flat coin	साख सिक्का
Fiduciary issue	प्रत्ययी मुद्रा
Financial apartheid	वित्तीय विभेद
Financial conglomerates	वित्तीय समूह

Financial inclusion	वित्तीय समावेशन
Financial intermediary	वित्तीय बिचौलिया/मध्यस्थ
Financing of priority sectors	प्राथमिकता प्राप्त क्षेत्रों का वित्त पोषण
Fineness of coins	सिक्कों की शुद्धता
Fine print	अंतिम रूप
Firm price	निश्चित कीमत
First cost	मूल लागत
Fiscal policy	राजकोषीय नीति
Fixture finance	मियादी वित्त
Flower bond	सदाबहार बॉन्ड
Fluid resources	नकद संसाधन
Fly index	गतिशील सूचकांक
Focal point branch	केंद्र शाखा
Follow up action	अनुवर्ती कार्रवाई
Fraudulent creditor	कपटपूर्ण ऋण दाता
Free banking	निर्बाध बैंकिंग
Free hold	पूर्ण स्वामित्व
Frozen accounts	अवरोधित खाते

Full coverage	पूर्ण बीमा रक्षा
Fully secured creditor	पूर्णत: रक्षित लेनदार
Functional autonomy	कार्य स्वायत्तता
Furnishing of guarantees	गारंटियां प्रस्तुत करना
Futures trading	अगाऊ/भावी सौदा व्यापार

"G"

Garnishee order	कुर्की आदेश
Gazettee notification	राजपत्र अधिसूचना
Galloping prices	तेजी से बढ़ती कीमतें
Geared capital	जुटाई गई पूंजी
General power of attorney	सामान्य मुख्तारनामा
Gestation period	प्रारंभिक अवधि
Gift economy	संपन्न अर्थव्यवस्था
Global credit squeeze	वैश्विक आर्थिक तंगी
Go-Go fund	अति सट्टायुक्त निधि
Going price	प्रचलित कीमत
Gold credit	अच्छी साख
Gold debt	अशोध्य ऋण

Good offices	सत्प्रयास/ पद का उपयोग
Goods on consignment	परेषण वस्तुएं/माल
Grant of moratorium	अधिस्थगन की स्वीकृति
Grass-root plan	आधारभूत/ क्षेत्रस्तरीय योजना
Great depression	व्यापक मंदी
Growth variables	विकास की घट-बढ़ के निर्देशक
Gulp of capital	पूंजी का आधिक्य
Grantor	अनुदान दाता
Gratuity	उपदान
Grey revolution	कंप्यूटर क्रांति
Gross fixed assets	सकल/कुल आस्तियां
Gross proceeds	सकल आगम /प्राप्तियां
Ground balance	प्रत्यक्ष शेष
Guidelines	मार्गदर्शी सिद्धांत

"H"

Hacking	सेंधमारी/घुसपैठ
Hair-cut	प्रदत्त ऋण पर लिया गया मार्जिन

Hammering the market	भाव गिरना
Hard cash	नकदी
Hardening price	बढ़ती कीमत
Headline inflation	सुर्खियों में आई मुद्रास्फीति की स्थिति
Head of accounts	लेखा शीर्ष
Head money	प्रतिव्यक्ति कर
Hectic buying	अंधाधुंध खरीद
Hire purchase account	किराया खरीद लेखा
High overdue	अत्यधिक बकाया
Hightened risk aversion	अतिशय जोखिम विमुखता
Hoarding	जमाखोरी
Hold in abeyance	आस्थगित रखना
Holding company	नियंत्रक कंपनी/ मूल कंपनी
Holograph	स्वलेख
Honour a cheque	चैक का भुगतान
Hot list	चूककर्ता सूची
Hot money	अधिक ब्याज वाला धन
House bill	आंतरिक बिल

Household sector	घरेलू क्षेत्र
Hurricane bond	उच्च जोखिम बांड
Hybrid debt	संमिश्र कर्ज
Hyper inflation	अति मुद्रास्फीति
Hypothecation of goods	माल बंधक रखना

"I"

Idle deposit	निष्क्रिय जमा
Illegal transaction	अवैध सौदे
Immigrant	आप्रवासी
Impaired loans	अनर्जक ऋण
Implicit cost	निहित लागत
Impost	चुंगी, आयात कर
Imprest cash	अग्रदाय /अग्रिम नकदी
Impulsive purchase	आकस्मिक क्रय
Inactive stock	निष्क्रिय स्टॉक
Index error	आरंभिक त्रुटि
Industry led growth	उद्योग प्रधान वृद्धि
Inflation divergence	मुद्रास्फीति का विचलन

Informed assessment	प्रामाणिक मूल्यांकन
Inheritance tax	विरासत कर
Intensive drive	तीव्र अभियान
In perpetuity	शाश्वत/सदा के लिए
Instantaneous check	तात्कालिक जांच
Integrated and intensified approach	समेकित और तीव्र दृष्टिकोण
Interlocking	गहन रूप से परस्पर संबद्ध
Investment, gold bottomed	श्रेष्ठ प्रतिभूति निवेश
Irrecoverable dues	अशोध्य बकाया राशियां
Irrefutable evidence	अकाट्य प्रमाण/ साक्ष्य
In toto	संपूर्णत: /पूरी तरह से
Intrinsic value	आंतरिक मूल्य
Items of liabilities	देयता मदें

"J"

Job lot	विविध माल
Jobbing	फुटकर कार्य
Joint custodians	संयुक्त अभिरक्षक

Joint returns	संयुक्त विवरणियां
Jointly and severally	संयुक्त और पृथक रूप से
Judgement debtor	निर्णीत ऋणी
Jurisdictional limit	क्षेत्राधिकार सीमा
Justifiable	न्यायसंगत/तर्कसंगत
Justify	औचित्य सिद्ध करना
Junk bonds	अत्यंत उच्च ब्याज वाले बॉन्ड
Jurisdiction	क्षेत्राधिकार /अधिकार-क्षेत्र
Just price	उचित मूल्य

"K"

Keeping account	हिसाब करना
Keep in abeyance	आस्थगित रखना
Key branches	प्रमुख शाखाएं
Key industry	मूल उद्योग
Key ledger	प्रधान खाता-बही
Kind component	वस्तु-घटक
Kite flying	हेरा-फेरी करना
Kitty	सांझी निधि

Know-how	जानकारी या तकनीकी जानकारी
Known loss or damge	ज्ञात हानि या क्षति

"L"

Labour arbitration	श्रमिक विवाचन
Labour output ratio	श्रम-उत्पादन अनुपात
Lapsed and confiscated deposit	व्यपगत और जब्त जमा राशि
Last survivor annuity	अंतिम उत्तरजीवी वार्षिकी
Latent capital	अंतर्निहित पूंजी
Layout planning	अभिन्यास आयोजना
Lead time	समय-सीमा
Lean period	मंदी की अवधि
Legal tender	वैध मुद्रा
Lender of the last resort	अंतिम उधार दाता
Landing window	ऋण दात्री संस्था
Letter of credit	साख पत्र
Letter of renunciation	परित्याग-पत्र
Levy price	उगाही मूल्य

Liberalised provisions	उदारीकृत प्रावधान
Liquid assets	चल परिसंपत्तियां
Liquid reserves	नकदी आरक्षित निधियां
Liquidating debt	ऋण का समापन
Liquidity ratio	नकदी/चलनिधि अनुपात
Locked in capital	फंसी पूंजी
Lookback option	पुनरीक्षण विकल्प
Long bills	दीर्घकालीन हुंडियां
Long draft	विदेशी विनिमय बिल
Long price	सशुल्क मूल्य
Long standing customers	पुराने ग्राहक
Lump sum amount	एकमुश्त राशि
Lumpy demand	अनियमित मांग

"M"

Maintenance remittance	निर्वाह राशि प्रेषण
Major findings	प्रमुख निष्कर्ष
Make good the loss	हानि की पूर्ति करना
Make up wages	पूरक मजदूरी

Manifold growth	कई गुना वृद्धि
Manifesto	घोषणा-पत्र
Mark down	मूल्य घटाना
Mark up	अधिक मूल्य निर्धारित करना, मूल्य बढ़ाना
Market gulp	माल की भरमार
Mass banking	जन बैंकिंग
Mass production	बड़े पैमाने पर उत्पादन
Material date	महत्वपूर्ण तारीख
Maturing loans	अवधि पूर्ण होने वाले ऋण
Meeting in camera	गुप्त बैठक
Mighty adventure	महत्वपूर्ण अभियान
Minus balance	ऋणात्मक शेष
Minor fund	प्रतिरूप निधि
Misappropriation of fund	निधियों का दुर्विनियोजन
Misrepresentation of facts	तथ्यों को गलत ढंग से प्रस्तुत करना
Mobilisation of capital	पूंजी जुटाना
Mobility of labour	श्रम गतिशीलता

Moderate arrivals	मामूली आमद
Modus operandi	कार्य प्रणाली
Monetary aggregates	कुल मौद्रिक राशियां
Money instrument	मुद्रा लिखत
Money steady	स्थिर धन
Monthly rests	मासिक अंतराल
Moratorium period	अधिस्थगन अवधि
Mortgage encumbrance	बंधक भार
Movement in prices	मूल्यों/कीमतों में उतार-चढ़ाव
Multifaceted policy	बहुमुखी नीति
Multiple financing	बहुविध वित्त पोषण
Mutilated note	कटा-फटा नोट
Mutual undertaking	पारस्परिक वचन बद्धता

"N"

Nag	टीका टिप्पणी करना
Natural restitution	स्वाभाविक क्षतिपूर्ति
Navigate	संचालन करना
Necessary safeguards	आवश्यक रक्षोपाय

Negative charge	ऋणात्मक प्रभार
Negotiate a bill	बिल का परक्रामण करना
Net inflow	निवल आमद
Net liquidity ratio	निवल चल निधि उत्पाद
Net operative income	निवल परिचालन आय
No demand certificate	बेबाकी प्रमाण पत्र
No effects	खाते में रुपया नहीं
Nodal bank	शीर्ष बैंक
Non-core sector	गौण क्षेत्र
Nonpareil	अद्वितीय
Non terminable loan	असमापनीय ऋण
North-bound interest rate	बढ़ती हुई ब्याज दर
Nostro account	(हमारा खाता उनके पास) / भारत स्थित बैंक द्वारा विदेशी प्रतिनिधि बैंक के पास विदेशी मुद्रा में रखा गया खाता
Notice of trust	न्यास सूचना
Notified amount	अधिसूचित राशि
Notice deposits	सूचना पर देय जमा राशि
Notional due date	काल्पनिक नियत तारीख

Notional transit period	कल्पित परिवहन अवधि
Null and void	अकृत और शून्य
Numismatics	मुद्रा शास्त्री
Nursing an account	डूबते खाते का पोषण

"O"

Oath of office	पद की शपथ
Obligatory public expenditure	अनिवार्य सार्वजनिक व्यय
Obliterated note	विरूपित नोट
Observed data	तथ्यात्मक आंकड़े
Obsolete coin	अप्रचलित सिक्का
Overnight call rate	एकदिवसीय मांग दर
Obviously payable	प्रत्यक्षत: देय
Official rate	अधिकृत दर
Oligopoly	अल्पाधिकार
Omnibus credit	विविध सार्वजनिक उधार
One stop shop	सर्व सेवाकेंद्र
On tap sale	तत्काल बिक्री

Open cheque	अरेखित चैक
Open interest	अस्थिर ब्याज राशि
Out of work benefit	बेकारी भत्ता
Output mix	विविध उत्पाद
Outreach	जन चेतना
Outright purchase	एकमुश्त खरीद
Originate to disturbe	ऋण कार्यक्रम का विस्तार
Overheating economy	अति तीव्र अर्थव्यवस्था
Overlapping jurisdiction	अतिव्यापी अधिकार –क्षेत्र
Overriding decision	अभिभावी निर्णय
Overhang of liquidity	चलनिधि का आधिक्य
Overhead cost	उपरिव्यय लागत
Overrun of costs	लागतों का अत्यधिक बढ़ जाना

"P"

Paper Gold	विशेष आहरण अधिकार
Paucity of finance	वित्त की कमी/वित्ताभाव
Pay off period	पूर्ण चुकौती अवधि
Paid up capital	चुकता पूंजी

Painting the tape	दिखावटी कारोबार
Parity price formula	समता कीमत सूत्र
Pecuniary liability	धन देयता
Pegged prices	नियंत्रित कीमतें
Period bill	मियादी बिल
Phantom profit	अवास्तविक लाभ
Phenomenal rise	अभूतपूर्व वृद्धि
Piece rate	मात्रानुपाती दर
Pilot course	प्रायोगिक पाठ्यक्रम
Pipeline transactions	प्रक्रियाधीन लेन-देन
Plain figure	संपूर्ण आंकड़े
Ploughing back of profits	लाभ पुनर्निवेश
Polypoly	बहु विक्रेताधिकार
Posterity	भावी पीढ़ियां
Pre emption	पूर्व क्रय अधिकार
Price pegging	कीमत स्थिर करना
Primage	सावधानी प्रभार
Preferential creditors	अधिमानी लेनदार
Premature cessation	समय पूर्व समाप्ति
Prevailing rate	प्रचलित दर

Price behavior	कीमत की प्रवृत्ति ,भावों का रुख
Proforma account	कच्चा खाता
Pro-rata rate	यथानुपात दर
Prudential reserves	विवेक सम्मत आरक्षित निधियां
Public domain	सार्वजनिक पहुंच
Pump and dump	मूल्यों में कृत्रिम उतार-चढ़ाव
Put right	चालू हालत में लाना
Prospectus and rights	विवरण-पत्र एवं अधिकार–पत्र
Provisional payments	अनंतिम अदायगियां

"Q"

Quality circle	गुणवत्ता दल
Qualified report	सापेक्ष रिपोर्ट /प्रतिवेदन
Quality claims on exports	निर्यातों पर गुणवत्ता/किस्म संबंधी दावे
Quantum leap in advances	अग्रिमों में भारी वृद्धि
Quarter ending on----	--को समाप्त होने वाली तिमाही
Quasi-negotiable paper	अर्धपर क्राम्य हुंडी
Quasi-public body	अर्ध सरकारी निकाय

Quick yielding project	शीघ्र फलदायी परियोजना
Quittance	चुकौती
Quotation list	भाव सूची

"R"

Random fluctuation	यादृच्छिक उतार-चढ़ाव
Rapid scrutiny	शीघ्र जांच/छानबीन
Rate regulation	दर विनियमन
Rateable value	दर निर्धार्य मूल्य
Rate war	दरें कम करने की प्रतिस्पर्धा
Ratification of boundaries	सीमाओं का अनुसमर्थन
Rationalization of procedure	क्रिया विधि को सरल और कारगर बनाना
Reachout	संपर्क
Real time gross settlement	तत्काल सकल निपटान
Reappropriation of funds	निधियों का पुनर्विनियोजन
Receipts and disbursements	प्राप्तियां तथा संवितरण
Receiving end	प्रापक/प्राप्ति-स्थल

Reciprocate	परस्पर आदान-प्रदान करना
Reciprocal demand	पारस्परिक / दो तरफा मांग
Reconveyance	पुन: हस्तांतरण/प्रति हस्तांतरण
Reconcile the discrepancy	गलती का समाधान करना
Record date	अभिलिखित तारीख
Recording of files	फाइलों का अभिलेखन
Recovery of outstandings	बकाया राशि की वसूली
Recovery performance	वसूली कार्य
Rectified rule	परिशोधित नियम
Recycling of funds	निधियों का निरंतर उपयोग/पुनर्निवेश
Red clause(letter of credit)	साख-पत्र का महत्वपूर्ण खंड
Redemption of debt	ऋण-शोधन
Redundant	अनावश्यक
Redressal of grievances	शिकायतों का निवारण
Reflation	संस्फीति
Rehabilitation finance	पुनर्वास वित्त
Reissuable notes	पुन: जारी करने योग्य/पुनर्निगमनीय नोट

Remedial measures	सुधारात्मक उपाय/ कार्रवाई
Remission	ऋण/ कर्ज से छूट
Remit at par	सममूल्य पर प्रेषित करना
Remonetisation	पुनर्मुद्रीकरण
Renewal reserve fund	नवीकरण प्रारक्षित निधि
Repatriation benefits	प्रत्यावर्तन लाभ
Repayment of proceeds	चुकौती कार्यक्रम
Replacement fund	प्रतिस्थापन निधि
Replenishment scheme	संपूर्ति/पुन:पूर्ति योजना
Repo rate	पुन: खरीद दर
Repudiation of contract	संविदा को स्वीकार करना
Rescheduling of loan	ऋण की पुनर्व्यवस्था/ ऋण की अवधि का पुनर्निर्धारण
Reserve ratio	प्रारक्षित निधि अनुपात
Residual liabilities	अवशिष्ट देयताएं
Restoring sick units	रुग्ण इकाइयों को पुन: सक्षम बनाना
Retired notes	संचलन से निकाले गए नोट
Retirement of bills	बिलों का समय पूर्व भुगतान

Revocable transfer	प्रतिसंहरणीय अंतरण
Revocation of license	लाइसेंस का निरसन
Revolving fund	परिक्रामी निधि
Right of set-off	समंजन अधिकार
Ringing out	अग्रिम निपटारा
Rounding off	पूर्णांकन
Runway inflation	अति-स्फीति /बेतहाशा मुद्रा स्फीति
Rural indebitedness	ग्रामीण ऋणग्रस्तता
Rural rehabilitation	ग्रामीण पुनर्वास
Rush of expenditure	व्यय का आधिक्य

"S"

Sagging	भाव में गिरावट
Sale deed	विक्रय विलेख/बिक्रीनामा
Scrap value	अवशिष्ट मूल्य
Script money	पत्र मुद्रा
Sealed tender	मुहर बंद निविदा
Secular growth of money and price	मुद्रा तथा मूल्य की निरपेक्ष वृद्धि

Seizure of goods	माल का अभिग्रहण
Self finance	आंतरिक वित्त
Servicing of debts	ऋण-शोधन
Shifting of tax	कर-भार अंतरण
Sinking fund	ऋण शोधन निधि
Short bills	वसूली शेष बिल
Short levy of tax	कर का कम लगाया जाना
Short term fluctuations	अल्पावधि घट-बढ़
Sitting member	वर्तमान सदस्य
Sluggish trend	मंदी की प्रवृत्ति
Smart money	क्षतिपूरक धन
Sola ledger	देनदार खाता
Spot exchange	हाजिर विनिमय बाजार
Spade work	प्रारंभिक कार्य
Special injunctions	विशेष निषेधाज्ञा
Speed money	रिश्वत
Stale cheque	गतावधि/ पुराना चैक
Stance of monetary policy	मौद्रिक नीति का रुझान
Standing order	स्थायी आदेश

Standard money	प्रामाणिक मुद्रा
Stated account	स्वीकृत लेखा
Steering committee	संचालन समिति
Sticky price	निश्चल कीमत
Stop and go production	अंतराल उत्पादन
Stranding	स्थानीय अंतरपणन
Strategy	रणनीति /कार्यनीति
Strike price	मानक मूल्य (निर्धारित मूल्य)
South-bound interest rate	घटती हुई ब्याज दर
Subdued tendency	गिरावट की प्रवृत्ति
Succession to property	संपत्ति का उत्तराधिकार
Suffrage	मताधिकार
Surplus in banking coverage	अधिक बैंकिंग सुविधाएं
Sundry charges	फुटकर/विविध प्रभार
Swap operation	अदला-बदली
Swelling of bank liquidity	बैंक की चल निधि में भारी वृद्धि
Symposium	विचार-गोष्ठी
Systemic approach	व्यवस्थित दृष्टिकोण

"T"

Tainted securities	दोषपूर्ण प्रतिभूति
Take a bath	हानि उठाना,डूबना
Tax buoyancy	कराधान में होने वाला उतार-चढ़ाव
Tax heavens	कराधान मुक्त देश/क्षेत्र
Teasing loan	लुभावने ऋण
Technical know-how	तकनीकी जानकारी
Tender money	निविदा राशि
Take stock of the situation	स्थिति का जायजा लेना
Take up a bill	बिल का पूर्व भुगतान
Tap period	निर्गम अवधि
Task force	कार्यदल
Tax evader	कर –वंचक
Technology gaps	प्रौद्यौगिकी अंतराल
Tender money	निविदाराशि
Tendered for conversion	परिवर्तन के लिए प्रस्तुत
Tenor of bill	बिल की अवधि
Terminal charges	चुंगी
Term of office	पदावधि

Terms of protocol	औपचारिक समझौते की शर्तें
Terms of reference	विचारार्थ विषय
Testament	वसीयत /इच्छा-पत्र
Testimony	परिसाक्ष्य
Thin corporation	अति ऋणी निगम
Thin market	अत्यल्प लेनदेन बाजार
Third estate	जनता
Tight market	बड़ी मंडी
Till money	चल धन
Time barred claim	कालातीत दावा
Tolerance level	गुंजाइश का स्तर
Top-down	खोजी निवेशरण नीति
Tramp agency	अस्थायी एजेंसी
Transfer ledger abstract	अंतरण खाता सार
Treaty for the sale	बिक्री की बातचीत
Threshold limit	प्रारंभिक सीमा
Tick	अनौपचारिक ऋण
Tied loans	सशर्त कर्ज
Tight money policy	मुद्रा प्रसार रोकने की नीति

Title deed	स्वत्व विलेख
Trade price	थोक भाव
Transitional measure	संक्रमणकालीन उपाय
Trick price bands	अस्थिर मूल्य सूची
Through rate	न्यूनतम दर
Trust of office	पद के दायित्व
Turn key project	तैयार/संपूर्ण परियोजना
Turnover deposits	जमा राशि संबंधी लेनदेन
Two way courts	क्रय-विक्रय के भाव
Tying agreement	सशर्त करार/समझौता
Typical value	विशिष्ट मूल्य

"U"

Ultra vires	अधिकारातीत
Ultimate consumer	अंतिम उपभोक्ता
Umbrella fund	समावेशक निधि
Under inflation	प्रेरित मुद्रा स्फीति
Under priviledged	अल्पसुविधा प्राप्त
Under scrutiny	संमीक्षा के अधीन

Underwater loan	अलाभकारी ऋण
Underpinned	मजबूत करना, सहारा देना
Undrawn balances	अनाहरित शेष राशियां/जमाराशियां
Undue credit expension	अनुचित ऋण विस्तार
Uneconomic holding	घाटे की जोत
Unexpired usance	असमाप्त अवधि / मियाद
Unexplained error	अस्पष्टीकृत त्रुटि
Unforeseen contingencies	आकस्मिक परिस्थितियां
Unfranked income	कर पूर्ण आय
Unidentifiable note	बेशिनाख्ती नोट
Universal banking	सर्वव्यापी बैंकिंग
Unlawful consideration	अवैध प्रतिफल
Unremunerative branches	अलाभकारी शाखाएं
Untied aid	शर्तमुक्त सहायता
Unviable unit	अलाभकारी यूनिट
Upfront income	वैधआय
Upcoming branch	दूरस्थ /देहाती शाखा
Upgradation	कोटि उन्नत करना

Upset price	सरकारी बोली (नीलामी में)
Upswing in economy	अर्थव्यवस्था में तेजी
Upward bias	उर्ध्वमुखी प्रवृत्ति
Usance Promissory Note	मियादी वचनपत्र
Usurious loan	अतिब्याजी ऋण
Utilised potential	उपयोग में लायी गयी क्षमता
Usury lending	सूदखोरी उधार
Utmost good faith	परम सद्भाव

"V"

Valley of depression	मंदी का दौर
Valedictory address	समापन भाषण
valorisation	मूल्य-स्थिरीकरण
Vanila project	सरल परियोजना
Variable reserve ratio	परिवर्ती प्रारक्षित निधि अनुपात
Venture capital	उद्यम पूंजी
Vertical mobility	विषमस्तरीय गतिशीलता
Veto	वीटो, निषेधाधिकार
Viability of project	परियोजना की आर्थिक दृष्टि से

	लाभ प्रदता
Viable sick unit	स्वयं समर्थता की संभावना वाला रुग्ण यूनिट
Vital statistics	महत्वपूर्ण आंकड़े, जन्म-मरण संबंधी आंकड़े
Viva voce	मौखिक परीक्षा
Void transaction	अमान्य लेन-देन
Volatility	दरों की अस्थिरता
Volatile demand	अस्थिर मांग
Voluntary disclosure scheme	स्वैच्छिक प्रकटीकरण योजना
Vote on account	लेखा अनुदान
Voting rights	मताधिकार
Voting share	मताधिकारी शेयर

W"

Wad	नोटों की गड्डी
Wild cat money	अस्थिर वैध मुद्रा
Willful defaulter	इरादतन चूककर्ता

Windfall profit	अप्रत्याशित लाभ
Wash sale	दिखावटी बिक्री
Waste land	बंजर भूमि
Walking inflation	धीमी मुद्रा-स्फीति
Want evidence	साक्ष्याभाव
Watch and ward	पहराव निगरानी
Wear and tear	टूट-फूट
Well run economy	स्वस्थ अर्थव्यवस्था
Winding up of bank	बैंक का समापन करना
Whereabouts	ठौर-ठिकाना, अता-पता
Wholesale trade	थोक व्यापार
Wild cat money	अस्थिर बैंक मुद्रा
Without recourse	दायित्व-रहित
Worn coin	खोटा सिक्का
Write off	बट्टे खाते डालना

"Y"

Yardstic	मानदंड
Year to year	वर्षानुवर्ष/प्रतिवर्ष

Yellow sheets	दैनिक भाव-पत्रक
Yeomanry	कृषक वर्ग
Yield pattern	आय प्राप्ति का स्वरूप
Yield a return	प्रतिफल देना
Yield statistics	उपज के आंकड़े
Yield to maturity	परिपक्वता आय
Young economy	नवोदित अर्थव्यवस्था

"Z"

Zenith	चरम सीमा
Zero elasticity of supply	शून्य आपूर्ति लोच
Zero rate of interest	ब्याज की शून्य दर
Zero-out	शून्यांकन करना
Zonal council	आंचलिक परिषद

❑

अध्याय 3

प्रशासनिक शब्दावली

"A"

Abdicate	पद त्याग देना
Absconder	फरार
Absence may be regularised by grant of leave admissible	स्वीकार्य छुट्टी मंजूर कर अनुपस्थिति नियमित की जाए
Absence without permission	बिना अनुमति के अनुपस्थिति
Accepted conditionally	सशर्त स्वीकृत
Acceptance of office	पद की स्वीकृति
Acceptance in principle	सैद्धांतिक स्वीकृति
Accordingly, it has been decided	तदनुसार यह निर्णय लिया गया है
Accounting year	लेखावर्ष
Acting allowance	कार्यकारी भत्ता
Acting in good faith	सद्भाव से कार्य करते हुए
Actuals	वास्तविक आंकड़े
Act of misconduct	कदाचार,दुराचार
Act of commission and	भूल-चूक

Commission	
Action may be taken as proposed	यथाप्रस्तावित कार्रवाई की जाए
Acknowledgement	प्राप्ति – सूचना
Actual strength	वास्तविक संख्या
Administrative approval may be obtained	प्रशासनिक अनुमोदन प्राप्त किया जाए
Adjusting transfer	अंतरण द्वारा समयोजन
Ad-hoc benefit	तदर्थ लाभ
Adjusting entry	समायोजक प्रविष्टि
Administer oath	शपथ दिलाना
Admonition	भर्त्सना
Adult suffrage	वयस्क मताधिकार
Advisory council	सलाहकार परिषद
Agenda is sent herewith	कार्य सूची इसके साथ भेजी जा रही है
Agenda items	कार्यसूची की मदें
Aid and advice	सहायता और सलाह
Affirm	अभिपुष्ट करना
After consultation with	से परामर्श करने के बाद

After perusal	देख लेने/अवलोकन के बाद
Allocation of work	काम का आवंटन
Amount overdue	अतिदेय राशि
Annotation	टिप्पण लेखन, टीका, व्याख्या
Annual audit	वार्षिक लेखा-परीक्षा
Appellate tribunal	अपील अधिकरण
Apex body	शीर्ष निकाय /शिखर संस्था
Apply for sanction	मंजूरी के लिए आवेदन करें
Appreciation of currency	मुद्रा की मूल्य-वृद्धि
Approval may be accorded	अनुमोदन प्रदान कर दिया जाए
As a last resort	अंतिम उपाय के रूप में
As amended	यथा संशोधित
As a precautionary measure	एहतियात के तौर पर
As defined	यथा परिभाषित
As in force for the time being	जैसा कि फिलहाल लागू है
Assumption of charge	कार्यभार-ग्रहण
Attention is invited to	की ओर ध्यान आकर्षित किया जाता है।

Attested copy	अनुप्रमाणित प्रति
At a glance	एक दृष्टि से, एक नजर में
At par	सममूल्य पर
At random	यादृच्छिक
Autonomous body	स्वायत्त निकाय
Awarding authority	पंचाट अधिकारी

"B"

Background of the case	विषय/मामले की पृष्ठभूमि
Bad conduct	दुराचरण
Ban on recruitment	भर्ती पर रोक
Banking operations	बैंक कार्य
Bare denial	साफ इंकार
Barefoot Manager	समर्पित प्रबंधक
Basic scale of pay	मूल वेतन मान
Benevolent fund	हितकारी निधि
Beyond reasonable doubt	संदेह से परे
Biased opinion	पूर्वाग्रही मत
Biennial report	द्विवार्षिक रिपोर्ट

Bill has been scrutinized and found in order	बिल की जांच की गयी और उसे सही पाया गया
Board of referees	निर्णायक मंडल
Bonded labour	बंधुआ मजदूर
Brain drain	प्रतिभा पलायन
Branching out the office Activities	कार्यालयीन गतिविधियों का प्रसार करना
Breachy discipline	अनुशासन भंग
Break in service	सेवा में व्यवधान
Brief resume	संक्षिप्त वृत्त
Bring into operation	चालू करना,अमल में लाना
Budget deficit	घाटे का बजट
But not exceeding to---in any case	किंतु किसी भी हालत में----से अधिक नहीं
By authority of	--के प्राधिकार से
By virtue of office	पद के नाते/पद की हैसियत से
Bye laws	उपनियम

"C"

Call for quotation	भाव / कोटेशन मंगाना
Call for the report	रिपोर्ट मंगाएं
Caretaker government	काम चलाऊ सरकार
Carry forward of profit	लाभ को आगे ले जाना
Carry out	पालन करना, कार्यान्वित करना
Case under investigation	मामले की जांच-पड़ताल की जा रही है
Casual leave applied for may be granted	आवेदित आकस्मिक छुट्टी मंजूर की जाए
Casual vacancy	आकस्मिक रिक्ति
Caution money	जमानत राशि
Cease to have effect	प्रभावी न रहना,प्रभाव शून्य होना
Cease to hold office	पद पर न रहना
Certified copy	प्रमाणित प्रति
Chronological summary of the case	विषय/मामले का तिथिवार सारांश
Claim accepted	दावा स्वीकृत
Classified documents	वर्गीकृत दस्तावेज
Clean service	निष्कलंक सेवा

Clearing operation	समाशोधन कार्य/निकासी कार्य
Command	समादेश
Come into operation	प्रचलित/चालू होना, प्रवृत्त होना
Commensurate	अनुरूप
Competent authority	सक्षम प्राधिकारी
Compendium of standing orders	स्थायी आदेशों का सार-संग्रह
Commission of enquiry	जांच आयोग
Completion certificate	समापन/ कार्य-समाप्ति प्रमाण-पत्र
Compulsorily retired	अनिवार्य रूप से सेवा-निवृत्त
Compassionate grounds	अनुकंपा आधार
Concurrence of finance branch	वित्त शाखा की सहमति
Confidential report	गोपनीय रिपोर्ट
Considerable scope	पर्याप्त गुंजाइश
Contingency grant	प्रासंगिक रिपोर्ट
Contention is untenable	तर्क अस्वीकृत है
Contributory provident fund	अंशदायी भविष्य निधि
Controller General	महानियंत्रक

Converted leave	परिवर्तित छुट्टी
Convocation	दीक्षांत समारोह
Corrupt practices	भ्रष्ट आचरण / तरीके
Counter action	जवाबी कार्रवाई
Countersign	प्रति हस्ताक्षर करना
Crossing efficiency bar	दक्षता रोध पार करना
Crucial inputs	अत्यावश्यक निविष्टियां
Currency of promotion	पदोन्नति की अवधि

"D"

Dated signature	दिनांक सहित हस्ताक्षर
Day to day promotion	दैनिक पदोन्नति
Dealing hand	संबंधित अधिकारी / व्यक्ति
Decided on merits of	गुण-दोष के आधार पर निर्णीत
Deffered expenditure	आस्थगित व्यय
Deduction at source	स्रोत पर कटौती
Degradation of a post	पद की अवनति
Delegation of powers	शक्तियों /अधिकारों का प्रत्यायोजन

Departmental proceedings	विभागीय कार्यवाही
Dereliction of duty	कर्तव्य-विमुखता
Desirable qualifications	वांछनीय योग्यता /अर्हता
Dilatory	विलंबकारी
Discrepancy may be reconciled	विसंगति का समाधान कर लिया जाए
Discretionary powers	विवेकाधिकार
Disregarding the facts	तथ्यों की अवहेलना करते हुए
Down payment	तत्काल अदायगी
Draft submitted for approval	प्रारूप अनुमोदन के लिए प्रस्तुत
Drastic measure	कठोर कार्रवाई/उपाय
Drawing and Disbursing Officer	आहरण और संवितरण अधिकारी
Duly complied	विधिवत अनुपालन

"E"

Earliest orders are solicited	कृपया शीघ्र आदेश दें
Earnest money	बयाना
Each case will be considered on merits	प्रत्येक मामले पर उसके गुण/ दोष के आधार पर विचार किया जायेगा

Educational qualifications	शैक्षिक अर्हताएं
Effective date	प्रभावी तारीख
Effective output	वास्तविक उत्पाद
Elementary education	प्रारंभिक शिक्षा
Embargo	व्यापार प्रतिषेध
Embezzlement of funds	निधियों का ग़बन
Emigrant	उत्प्रवासी
Empirical investment	अनुभव मूलक जांच
Employment of funds	निधियों का अधियोजन
Enactment	अधिनियमन
Enrolment number	नामांकन संख्या
Entitled amount	हकदार राशि
Entitled to the facility	सुविधा के लिए हकदार
Errors and ommissions	भूलचूक
Estimate officer	प्राक्कलन अधिकारी
Estimates of the Expenditure	व्यय के अनुमान
Exception to the rule	नियम का अपवाद
Exclusive rights	अनन्य अधिकार

Execution of contract	संविदा -निष्पादन
Experts comments	विशेषज्ञ का अभिमत
Explaination from the defaulter mey be obtained	चूककर्ता से स्पष्टीकरण मांगा जाए
Ex-gratia	अनुग्रह पूर्वक
Exhaustive	सर्वांग पूर्ण
Extension of posts	पदों की अवधि बढ़ाना
Ex-officio Secretary	पदेन सचिव
Extension of service	सेवावधि बढ़ाना
Eviction	बेदखली

"F"

Facilitate	सरल/ सुकर /सुविधाजनक बनाना
Facsimile signature	प्रतिकृति हस्ताक्षर
Faculty member	संकाय सदस्य
Fair copy	स्वच्छ प्रति
Fair dealing	उचित व्यवहार
Farewell address	विदाई भाषण
Feed back information	प्रतिपुष्टि सूचना

Filing an application	आवेदन-पत्र प्रस्तुत करना
Finance bill	वित्त विधेयक
Financier	वित्तपोषक
Follow up action	अनुवर्ती कार्रवाई
Follow up negotiation	अनुवर्ती बातचीत
For favourable action	अनुकूल कार्रवाई के लिए
Fortnightly report	पाक्षिक रिपोर्ट
For perusal and return	देख कर लौटाने के लिए
For perusal before issue	जारी करने से पूर्व अवलोकनार्थ
For signature please	हस्ताक्षरार्थ कृपया
For sympathetic Consideration	सहानुभूति पूर्वक विचारार्थ सहानुभूतिपूर्वक
Forwarded and Recommended	प्रेषित और संस्तुत
Functional knowledge	कार्य मूलक ज्ञान
Fundamental rules	मूल नियमावली
Future guidance	भावी मार्गदर्शन

"G"

Gallantry award	शौर्य पुरस्कार
Gazette notification	गजट अधिसूचना
Genuine reason	वास्तविक कारण
Geneuine text	प्रामाणिक पाठ
Get the entries adjusted at an early date	प्रविष्टियां यथाशीघ्र समायोजित करा लें
Give information in detail	विस्तृत विवरण प्रस्तुत कीजिए/करें
Glaring disparity	घोर असमानता
Glaring mistake	जबरदस्त ग़लती
Good and sufficient reason	समुचित और पर्याप्त कारण
Good offices	पद का उपयोग
Grace period	रियायत अवधि
Gradation list	पदक्रम सूची
Gradual recovery	क्रमश: वसूली
Gratuity	उपदान
Gross profit margin	सकल लाभ सीमा
Gross liabilities	सकल /कुल देयताएं

Gross negligence	भारी लापरवाही
Ground balance	प्रत्यक्ष शेष
Growth potential	वृद्धि संभावना
Guardianship certificate	अभिभावकता प्रमाण पत्र
Guidelines	मार्गदर्शी सिद्धांत
Guilty conscious candidate	अपराधबोधग्रस्त उम्मीदवार
Government concern	सरकारी प्रतिष्ठान

"H"

Hand over charge	कार्य भार /पद भार संभालना
Handling facilities	उठाई-धराई/चढ़ाई-उतराई सुविधाएं
Held in abeyance	रोक रखना/आस्थगित रखना
Higher authority	उच्चतर प्राधिकारी
High-handedness	मनमानी, ज्यादती
Highly objectionable	अत्यंत आपत्तिजनक
High power committee	उच्चाधिकार समिति
His request may be acceded to	उसका/उनका अनुरोध स्वीकार किया जाए

Hold in abeyance	प्रास्थगित रखना
Hold lien on post	पद पर पुनर्ग्रहणाधिकार/लियन होना
Hold good	मान्य होना,लागू होना
Holder in due course	हकदार धारक
Holograph	स्वलेख
Hours of business	कार्य-समय
Humanitarian grounds	मानवीय आधार पर
Hypothecation of goods	माल बंधक रखना

“I”

I have no further comments	मुझे और कुछ नहीं कहना है
Identical scale (of pay)	समान वेतनमान
Illegitimate demands	अवैध / नाजायज मांगें
Immediate disposal of the case is requested	मामले को तत्काल निपटाने का अनुरोध किया जाता है
Immediate officer	आसन्न अधिकारी
In anticipation of your approval	आपके अनुमोदन की प्रत्याशा में
Incentive scheme	प्रोत्साहन योजना

Incipient problems	प्रारंभिक समस्याएं
Income recognition	आय निर्धारण
In conformity with	के अनुरूप
Incorporated in the draft	प्रारूप/मसौदे में समाविष्ट/शामिल
In contravention of	के विपरीत/का उल्लंघन करते हुए
In course of business	काम के दौरान
Incriminating document	अपराध संकेती दस्तावेज
Incumbent of an office	पदधारी,पदस्थ
Indispensable	अपरिहार्य
In his discretion	स्वविवेक से, अपनी समझ से
In lump sum	एकमुश्त रूप में
Instructions are solicited	कृपया अनुदेश दें
In supersession of	का अधिक्रमण करते हुए
Interim information	अंतरिम जानकारी
Interruption in service	सेवा में व्यवधान
Interdepartmental meeting	अंतर्विभागीय बैठक
In the first instance	प्रथमत:/ पहली बार में
Inviting your attention to	की ओर आपका ध्यान आकर्षित करते/दिलाते हुए

In words and figures	शब्दों और अंकों में
Issue today	आज ही जारी करें
It has been observed that	यह पाया / देखा गया है कि
It will be construed	इसका यह अर्थ समझा जाएगा

"J"

Job analyst	कार्य विश्लेषक
Jobbing	फुटकर कार्य
Job rotation	कार्यावर्तन
Job work	नियत कार्य
Jointly and severally	संयुक्त और पृथक रूप से
Joint custodian	संयुक्त अभिरक्षक
Joint debtors	संयुक्त ऋणी
Joint intelligent staff	संयुक्त आसूचना कर्मचारी वर्ग
Joint legal advisor	संयुक्त विधि
Joining period	कार्य ग्रहण अवधि
Joint resolution	संयुक्त संकल्प
Just and fair terms	न्याय पूर्ण और उचित शर्तें

“K”

Keep in abeyance	रोक / स्थगित रखना
Keeping in view	ध्यान में रखते हुए
Keeper of archives	अभिलेखाध्यक्ष
Keep pending	लंबित / निर्णयार्थ रोक रखना
Keeper of records	अभिलेखपाल
Keep on	जारी रखना
Kindly issue instructions	कृपया अनुदेश जारी कर दीजिए
Known defects	ज्ञात दोष/त्रुटियां
Knowingly and unlawfully	जानबूझ कर और अवैध रूप से
Know-how	जानकारी, तकनीकी जानकारी
Key management	मुख्य प्रबंधन

“L”

Labour of dispute	श्रम विवाद
Lack of quality	गुणवत्ता का अभाव
Lapse of leave	छुट्टी व्यपगत होना

Last legal holder	अंतिम वैध धारक
Last pay certificate	अंतिम वेतन प्रमाण-पत्र
Last minute brain wave	अंतिम क्षण का विचार-मंथन
Laudable	प्रशंसनीय
Length of service	सेवावधि
Letter of authority	प्राधिकार-पत्र
Lay off	कामबंदी
Lease-cum-sale deed	पट्टा व बिक्री विलेख
Leave of absence	अनुपस्थिति की अनुमति
Leave preparatory to retirement	सेवा निवृत्ति पूर्व छुट्टी
Leave substitute	छुट्टी एवजी
Leave compensatory	प्रतिपूरक छुट्टी
Lecture hall	व्याख्यान कक्ष
Letter of allotment	आबंटन पत्र
Letter of credence	परिचय-पत्र
Letter of renunciation	परित्याग-पत्र
Level jumping	स्तर छोड़कर, स्तरांतर
Level playing	सभी को समान अवसर देना
Liaison officer	संपर्क अधिकारी

Liable to disciplinary proceedings	अनुशासनिक कार्यवाही का भागी
Licensee	अनुज्ञप्तिधारी
Link agreement	सहबद्धता करार
List of creditors	लेनदारों की सूची
Liquidator	परिसमापक
Loss in transit	मार्ग में हानि
Loss of office	पद-हानि

"M"

Mailing list	डाक सूची
Maintenance allowance	निर्वाह भत्ता
Maintenance of accounts	हिसाब रखना
Maintenance grant	अनुरक्षण अनुदान
Machinery of government	शासन व्यवस्था
Majority representation	बहुमत प्रतिनिधित्व
Manifesto	घोषणा पत्र
Manpower	जनशक्ति
Manual of instructions	अनुदेश पुस्तिका

Matter is being scrutinised	मामले की जांच-पड़ताल की जा रही है
Material facts should not be ignored	वास्तविक/महत्वपूर्ण तथ्यों को छोड़ा न जाए/नजरअंदाज न किया जाए
May be passed for payment	भुगतान के लिए पास/पारित किया जाए
May be treated as urgent	इसे अत्यावश्यक समझा जाए
Meditation board	मध्यस्थता मंडल /बोर्ड
Member,ex-officio	पदेन सदस्य
Memorandum of association	संस्था-नियमावली
Memorialist	अभ्यावेदक
Ministerial staff	लिपिकवर्गीय कर्मचारी
Minutes of the meeting	बैठक का कार्यविवरण
Misstatement of facts	तथ्यों की ग़लत बयानी
Motion of no-confidence	अविश्वास प्रस्ताव

"N"

Necessary action may be taken/initiated	आवश्यक कार्रवाई की जाए / प्रारंभ की जाए

Necessary provision	आवश्यक व्यवस्था / प्रावधान
Necessary report is still awaited	आवश्यक रिपोर्ट की अभी तक प्रतीक्षा है
Needs close supervision	बहुत ध्यान से पर्यवेक्षण किया जाना आवश्यक है
Needs no comment	टिप्पणी की आवश्यकता नहीं
Neglect of duty	कर्तव्य की उपेक्षा
Net investment	निवल निवेश
Next of kin	निकट संबंधी
Nil statement	शून्य विवरण
No-confidence motion	अविश्वास प्रस्ताव
No demand certificate	बेबाकी प्रमाणपत्र
No objection certificate	अनापत्ति प्रमाणपत्र
Nominal member	सांकेतिक सदस्य
Non appearance	पेश न होना, ग़ैर-हाजिरी
Non-bailable offence	ग़ैर जमानती अपराध
Non recurring expenditure	अनावर्ती ब्याज
Nota bene(N.B.)	ध्यान दें, टिप्पणी
Note of dissent	विसम्मति टिप्पणी

Notes on account	लेखानुदान
Noticeable	उल्लेखनीय,ध्यान देने योग्य
Notice of discharge	कार्यमुक्ति सूचना
Notified order	अधिसूचित आदेश
Notional promotion	कल्पित पदोन्नति
Null and void	अकृत और शून्य

"O"

Oath of allegiance	निष्ठा-शपथ
Objectionable action	आपत्ति जनक कार्रवाई
Observance of rule	नियम पालन
Obtain formal sanction	औपचारिक स्वीकृति/मंजूरी प्राप्त करें
Officiating allowance	स्थानापन्न भत्ता
Office bearer	पदधारी
Office exigencies	कार्यालयीन आवश्यकताएं
Official letter	सरकारी पत्र
Office manual	कार्यालय नियम-पुस्तिका
Office of profit	लाभप्रद पद

Office supervisor	कार्यालय पर्यवेक्षक
On compassionate grounds	अनुकंपा के आधार पर
On deputation	प्रतिनियुक्ति पर
On probation	परिवीक्षाधीन
Ordinary leave may be sanctioned	साधारण छुट्टी मंजूर की जाए
On such terms and conditionds as be think fit	ऐसी शर्तों पर जिन्हें वह उचित समझे
Out-of-turn allotment	बिनपारी आबंटन
Out today	आज ही भेजिए
Outstanding balance	पिछला बकाया
Overage cannot be condoned	अधिक आयु की स्थिति में रियायत नहीं दी जा सकती
Overall ceiling	समग्र उच्चतम सीमा
Overall charge	समग्र प्रभार
Overriding decision	अधिभावी निर्णय
Overstayal of leave	छुट्टी से अधिक ठहरना
Overtime allowance	समयोपरि भत्ता

“P”

Package approach	समग्र दृष्टिकोण
Pagination	पृष्ठ संख्या डालना
Papers under consideration	विचाराधीन कागजात /पत्र
Paradox	विरोधाभास
Parent department	मूल विभाग
Partial grant	आंशिक अनुदान
Participation certificate	सहभागिता प्रमाणपत्र
Passing official	पास करने वाला अधिकारी
Payment of honorarium	मानदेय की अदायगी
Pay-in slip	जमा पर्ची
Pending case	अनिर्णीत मामला
Pending the conclusion of enquiry	जांच समाप्त होने तक
Perquisites	अनुलब्धियां
Perenniel	बारहमासी, चिरस्थायी
Performance	कार्य निष्पादन
Period under review	समीक्षाधीन अवधि
Plenary conference	पूर्ण सम्मेलन

Planned action	योजनाबद्ध कार्रवाई
Please appear in person/present yourself	कृपया स्वयं उपस्थित हों
Please expedite compliance	शीघ्र अनुपालन कीजिए
Please give it top priority	कृपया इसे पहले करें/प्राथमिकता
Please issue as amended	कृपया यथा संशोधित जारी करें
Please prepare a précis of the case	कृपया मामले का सार/संक्षेप तैयार करें
Please reconcile the discrepancy in the entries	कृपया प्रविष्टियों की विसंगति दूर करें
Please treat this as strictly confidential	इसे सर्वथा गोपनीय समझें
Plenary conference	पूर्ण सम्मेलन
Posting order	तैनाती/ नियोजन आदेश
Post facto sanction	कार्योत्तर मंजूरी
Precautionary measure	पूर्वोपाय / एहतियाती उपाय
Prescribed qualifications	निर्धारित अर्हताएं
Preventive measures	निवारक /रोकथाम संबंधी उपाय
Previous and later References	पिछले और बाद के संदर्भ

Privilege leave	विशेषाधिकार छुट्टी
Projection in the work plan	कार्य-योजना में प्रक्षेपण
Promotion by seniority	वरिष्ठता के आधार पर पदोन्नति
Provisional list	अनंतिम/अस्थायी सूची
Public notice	सार्वजनिक सूचना
Put forth	प्रस्ताव रखना,प्रस्तुत करना
Put up for verification	सत्यापन के लिए प्रस्तुत करें
Put up slip	पेश पर्ची

"Q"

Qualifying service	अर्हक सेवा
Qualified certificate	सशर्त प्रमाण पत्र
Qualifying and merit test	अर्हता और गुणवत्ता परीक्षा
Quadruplicate	चार प्रतियों में
Quarantine leave	संगरोध छुट्टी
Quarterly statement may be expedited	त्रैमासिक विवरण शीघ्र भेजा जाए
Quasi permanent	स्थायिवत
Question of fact	तथ्य संबंधी प्रश्न

Question of propriety	औचित्य का प्रश्न
Questionnaire may kindly be returned duly	कृपया प्रश्नावली को विधिवत् भरकर लौटा दें
Quick action is required	तत्काल कार्रवाई अपेक्षित है
Quick disposal	तुरंत निपटान
Quote the relevant portion	संबंधित अंश उद्धृत करें

"R"

Random observation	यादृच्छिक प्रेक्षण
Rational basis	औचित्य पूर्ण,तर्क संगत आधार
Ratification	अनुसमर्थन
Receipts and disbursements	प्राप्तियां एवं संवितरण
Reciprocal arrangement	पारस्परिक व्यवस्था
Recommendations	अनुशंसा, सिफारिश
Reconciliation statement	समाधान-विवरण
Rectification of mistakes	भूल सुधार
Redundant	अनावश्यक, अतिरिक्त
Reference our telephonic conversation	टेलीफोन पर हुई हमारी बातचीत के संदर्भ में

Refresher course	पुन:श्चर्या पाठ्यक्रम
Reimbursement of medical charges	चिकित्सा- व्यय की प्रतिपूर्ति
Reinstated in service	पुन: सेवा में लिया गया / नौकरी बहाल की गई
Rejoinder	प्रत्युत्तर
Relevant orders are flagged	संबंधित/ संगत आदेशों पर फ्लैग लगा दिए गए हैं
Relinquishment of charge	कार्यभार –त्याग
Rejection memo	अस्वीकृति टिप्पणी
Remarks of adverse nature	प्रतिकूल टिप्पणियां/ अभ्युक्तियां
Remain in force	लागू / प्रवृत्त रहना
Remedial measures	सुधारात्मक उपाय
Reminder may please be issued	कृपया अनुस्मारक भेजें/जारी करें
Remission of revenue	राजस्व की छूट
Remittance facilities	धन भेजने की / प्रेषण सुविधाएं
Repatriation of services	सेवाओं का प्रत्यावर्तन
Repugnant to the context	प्रसंग के विरुद्ध / प्रतिकूल
Required information may	अपेक्षित जानकारी कृपया

please be furnished without delay	अविलंब प्रस्तुत करें
Required to be ratified	अनुसमर्थन अपेक्षित है
Requisite	आवश्यक,अपेक्षित
Rescinding order	विखंडित करने का आदेश
Restricted	प्रतिबंधित,सीमित
Resumption	पुनरारंभ
Retrenchment	छंटनी
Retrospective effect can not be given to this order	इस आदेश को पूर्वप्रभावी नहीं किया जा सकता
Reverted	प्रत्यावर्तित
Review	समीक्षा,पुनरीक्षण करना
Revised agenda	परिशोधित कार्यसूची
Regorous action	कठोर कार्रवाई
Rightful claimant	सही दावेदार
Rules and regulations	नियम और विनियम
Rules of business	कार्य-संचालन नियमावली
Running summary of	तथ्यों का क्रमिक सार

"S"

Salient features	प्रमुख उपबंध
Sanctioned as proposed	प्रस्ताव के अनुसार मंजूर
Sanction is hereby accorded to	इसके द्वारा मंजूरी दी जाती है
Sanctioning order	मंजूरी आदेश
Sanctioned working strength	स्वीकृत और कार्यरत स्टाफ संख्या
Scarcity of resources	संसाधनों की कमी
Score out which is not applicable	जो लागू न हो,उसे काट दें
Screening committee	अनुवीक्षण समिति
Sectional notes	अनुभागीय टिप्पणियां
Seen and spoken	देख लिया और बात कर ली है
Self-contained draft	स्वत:पूर्ण प्रारूप
Seminar	विचार –गोष्ठी/संगोष्ठी
Signature compaign	हस्ताक्षर अभियान
Signed,sealed and delivered	हस्ताक्षर करके और मुहरबंद करके दिया गया
Short-term course	अल्पकालीन पाठ्यक्रम
Shortage written off	कमी बट्टे खाते में डाली गयी

Show cause notice	कारण बताओ नोटिस
Signature compaign	हस्ताक्षर अभियान
Sine die	अनिश्चित काल के लिए
Sine qua non	अनिवार्य/अपरिहार्य शर्त
So as to ensure	ताकि यह सुनिश्चित हो
Solvency	शोधन-क्षमता
Special compensatory allowance	विशेष प्रतिकर भत्ता
Specific reason mey be given	विशिष्ट कारण दें
Standing instructions	स्थायी अनुदेश
Status quo	यथा स्थिति
Statement of account	लेखा-विवरण
Steps are on hand	कदम उठाये जा रहे हैं, कार्रवाई की जा रही है
Stipulated time limit	अनुबंधित समय-सीमा
Stipulation	शर्त
Substantive pay	मूल वेतन
Subject to approval	बशर्ते कि अनुमोदन प्राप्त हो

Subject to the provisions of	के प्रावधानों के अधीन
Subordinate staff	अधीनस्थ स्टाफ
Superannuation	अधिवर्षिता
Supervisory staff	पर्यवेक्षण स्टाफ
Supplementary budget	अनुपूरक बजट
Surety bond	जमानती बांड
Suspensionorder	निलंबन आदेश

"T"

Tebulated statement	सारणीबद्ध विवरण
Take home pay	निवल वेतन
Take over charge	कार्यभार ग्रहण करना
Take stock of the situation	स्थिति को समझ लेना, स्थिति से अवगत होना
Taxation officer	कराधान अधिकारी
Tax evader	कर वंचक
Team spirit	सहयोग भावना
Technical attendant	तकनीकी परिचारक
Technologist	प्रौद्योगिकीविद/शिल्पविज्ञानी

Teller	गणक
Temporary vacancy	अस्थायी रिक्ति
Tenor of bill	बिल की अवधि
Tentative arrangements	अस्थायी व्यवस्था
Tenure of office	पदावधि
Termination of post	पद-समाप्ति
Terminal benefit	सेवांत लाभ
Terms of reference	विचारार्थ विषय
Testimonial	शंसा पत्र
The file in question is not traceable	संदर्भित फाइल नहीं मिल रही है
The matter has no relevance at all	इस विषय का कोई संबंध नहीं है
The proposal is quite in Order	यह प्रस्ताव बिल्कुल नियमानुकूल है
This is to certify	प्रमाणित किया जाता है
This may be treated as Urgent	इसे अत्यावश्यक समझें
Thrift	मितव्ययिता
Till further orders	अगले आदेश होने तक

Timely compliance may be ensured	समय पर अनुपालन सुनिश्चित कर लिया जाए
Title deed	हक /स्वत्व विलेख
To adjourn sine die	अनिश्चित काल के लिए स्थगित करना
To impose restrictions	पाबंदी लगाना, प्रतिबंध लगाना
To have key role	महत्वपूर्ण भूमिका अदा करना
To initiate action	कार्रवाई प्रारंभ करना
To make adequate Arrangements	पर्याप्त व्यवस्था करना
To pass a resolution	प्रस्ताव पारित करना
To project	निरूपित/ प्रक्षेपित करना
To stick to the point	बात पर दृढ़ रहना
To take initiative	सूत्रपात करना, पहल करना
To take over	पदभार ग्रहण करना
To the best of ability	पूरी योग्यता से
To the best of my Knowledge	जहां तक मुझे पता है
Token pay	सांकेतिक वेतन
Top management	शीर्ष प्रबंध-तंत्र

Top secret document	परम गुप्त दस्तावेज
Total brought forward	आगे लाया गया जोड़
Trace out the previous papers and put up	पिछले पत्रादि का पता लगाइए और प्रस्तुत कीजिए
Treasury officer	कोषाधिकारी
Twin sharing basis	द्विभागिता आधार

"U"

Ultimate objection	अंतिम लक्ष्य
Ultimatum	अंतिम चेतावनी
Ultimo	पिछले महीने का
Unalterable decision	अपरिवर्तनीय निर्णय,न बदला जाने वाला फैसला
Unavoidable delay	अपरिहार्य विलंब
Unconditional undertaking	बिना शर्त वचन
Under intimation to this office	इस कार्यालय को सूचना देते हुए
Under the auspices of	के तत्वाधान में
Under certificate of posting	डाक प्रमाणित/डाक में भेजने के प्रमाण पत्र के अधीन

Under scrutiny	समीक्षा के अधीन
Under intimation to this office	इस कार्यालय को सूचना देते हुए
Undesirable comments	अवांछनीय टिप्पणियां
Undue interference	अनुचित हस्तक्षेप
Under one's hand	हस्ताक्षर सहित, हस्ताक्षराधीन
Under his signature and seal	उनके हस्ताक्षर और मुहर सहित
Under otherwise provided for	जब तक अन्यथा उपबंध या व्यवस्था न हो
Under secretary	अवर सचिव
Undersigned	अधोहस्ताक्षरी
Under statement	अपूर्ण विवरण
Under study	अध्ययनाधीन
Unexpected delay	अप्रत्याशित विलंब
Unfair means	अनुचित तरीके
Unforeseen developments	अनपेक्षित घटनाएं
Unified scale of pay	एकीकृत वेतनमान
Uniform procedure	एक समान कार्यविधि
Unless the context otherwise required	जब तक प्रसंग के अनुसार अन्यथा अपेक्षित न हो

Unofficial letter	अशासकीय पत्र
Unrecognized body	ग़ैर मान्यता प्राप्त निकाय
Unreserved vacancy	अनारक्षित रिक्ति
Unsecured loan	अप्रतिभूत कर्ज
Unskilled labour	अकुशल श्रमिक
Unstinted support	पूर्ण समर्थन
Untapped potential	अप्रयुक्त क्षमता
Upgraded post	स्तरोन्नत पद

"V"

Vacancy leave	छुट्टी रिक्ति
Valedictory address	समापन भाषण
Valuation	मूल्यांकन/ मूल्य निर्धारण
Vet	पुनरीक्षण करना
Veto	निषेधाधिकार
Verified and found correct	सत्यापित किया और ठीक पाया
Vested power	निहित अधिकार
Viability	जीवन क्षमता,अर्थ क्षमता
Vigilance	सतर्कता, चौकसी

Violation	अतिक्रमण
Visitor's book	आगंतुक पुस्तिका
Vital service	अत्यावश्यक सेवा
Viva voce	मौखिक परीक्षा
Vivid	सुस्पष्ट
Vocation	व्यवसाय
Voluntary settlement	स्वैच्छिक निपटारा
Vote of census	निंदा प्रस्ताव
Vote of thanks	धन्यवाद प्रस्ताव, कृतज्ञता ज्ञापन
Voting by ballot	मत पत्र द्वारा मतदान

"W"

Waiting list may be renewed	प्रतीक्षा -सूची को नवीकृत किया जाए
Walk-in-interview	प्रवेश साक्षात्कार
Ways and means committee	अर्थोपाय समिति
We may advise the employee accordingly	हम कर्मचारी को तदनुसार सूचित कर दें

We may find a solution in the discussion with the top management	हम शीर्ष प्रबंध-तंत्र से चर्चा करके कोई समाधान निकाल सकते हैं
We may refer the case to Central office	हम यह मामला केंद्रीय कार्यालय को भेज दें
Weeding of records	अभिलेखों की छंटाई
Weekly return	साप्ताहिक विवरणी
We need not pursue the matter further	हमें इस विषय में और कार्रवाई करने की आवश्यकता नहीं है
Whenever it is found necessary	जब कभी यह जरूरी समझा जाए
Whole time employee	पूर्णकालिक कर्मचारी
Will be dealt severely	कड़ी कार्रवाई की जाएगी
Withdrawal of motion	प्रस्ताव वापिस लेना
With immediate effect	तत्काल, इसी समय से
With the concurrence of---	--की सहमति से
With retrospective effect	पूर्वव्यापी प्रभाव सहित
Withholding increment	वेतन वृद्धि रोकना
Without fail	अवश्य ही
Weekly arrears statement	बकाया/शेष कार्य का विवरण

Without prejudice to the claims of seniors	वरिष्ठ कर्मचारियों के दावों पर प्रतिकूल प्रभाव डाले बिना
Wilful absence	जानबूझकर अनुपस्थिति
Worksheet	कार्यपत्रक
Working knowledge	कार्य साधक ज्ञान
Written down value	हासिल मूल्य

"X,Y,Z"

Xerox copy	जेरॉक्स प्रति
Yardstick	मानदंड
Year to year	वर्षानुवर्ष, प्रतिवर्ष
Yearly arrivals	वार्षिक आमद
Yearly return	वार्षिक विवरणी
Yours faithfully	भवदीय,भवदीया
You would appreciate	आप इस बात से सहमत होंगे
Yours sincerely	आपका, भवदीया
Zone list	अंचल सूची
Zonal office	आंचलिक कार्यालय

❑

अध्याय 4

विधि शब्दावली

"A"

Abounded assets	परित्यक्त आस्तियां
Abatement certificate	उपशमन प्रमाण-पत्र
Abatement of legacies	वसीयत संपदा में कमी
Abolition of posts	पदों की समाप्ति
Absconding debtor	फरार ऋणी
Absolve from liabilities	दायित्व से मुक्ति पा जाना
Abuse of powers	शक्तियों का दुरुपयोग
Acceleration of estate	संपदा की त्वरित प्राप्ति
Accessory right	समानुषंगिक अधिकार
Account had debt reserves	डूबंत ऋण आरक्षण लेखा
Accuse	अभियोग लगाना
Action of debt	संविदाभंग कार्रवाई
Actual command	वास्तविक समादेश
Adjourn hearing	सुनवाई स्थगित करना

Adverse to the title	हक के प्रतिकूल
Affirmative agreement	सकारात्मक करार
Agreed period	करार पाई गई कालावधि
Agreement express	अभिव्यक्त करार
Agreement to lease	पट्टे पर देने का करार
Allegation of fact	तथ्य का अभिकथन
Alleged offender	अभिकथित अपराधी
Allocating expenditure	व्यय का विनिधान
Anticipated breach	पूर्वानुमानित भंग
Appelant	अपीलार्थी
Appellate court	अपीलीय न्यायालय
Application of order	आदेश का लागू होना
Approved gratuity fund	अनुमोदित उपदान निधि
Approver	इकबाली साक्षी
Arbitrator	मध्यस्थ
Assignment of office	पद का समनुदेशन
Attendance of witnesses	साक्षियों (गवाहों) की हाजिरी
Audi alteram partem	दूसरे पक्ष की भी सुनों
Avoid a contract	संविदा को शून्य करना
Award carts	खर्चा अधिनिर्णीत करना

"B"

Bailable offence	जमानतीय अपराध
Bailee of the goods	माल का उपनिहिती
Bench	न्यायपीठ
Blanket permit	निर्बाध परमिट
Bring into force	प्रवर्तन में लाना
Bound to prove	साबित करने के लिए आबद्ध
Bipartite arrangement	द्विपक्षीय करार
Breach of condition of Discharge	उन्मोचन की शर्तों का भंग
Breach of trust	न्यास भंग
Bullish trend	तेजी की प्रवृत्ति
Business papers	कारोबार- कागजात
Business principles	कारोबार के सिद्धांत
By authority of law	विधि के प्राधिकार से
By way of beneficial ownership	हिताधिकारी स्वामित्व के रूप में

"C"

Capitation tax	प्रति व्यक्ति कर
Capricious partiality	अनुचित पक्षपात
Careful observance	सतर्क अनुपालन
Carrying out the provisions	उपबंधों को क्रियान्वित करना
Case law	निर्णय विधि
Cash petty	खुदड़ा रोकड़
Casual service	नैमित्तिक सेवा
Cease to continue in being	अस्तित्व में न रहना
Certificate of posting	डाक में डाले जाने का प्रमाण-पत्र
Certificate of recognition	मान्यता प्रमाण-पत्र
Cessation of approval	अनुमोदन की समाप्ति
Character employed	काम में लाई गई लिपि
Co-defendant	सह प्रतिवादी
Code of conduct	आचार-संहिता
Collateral heirs	संपार्श्विक वारिस
Collection of dues	शोध्य की वसूली

Composition of an offence	अपराध का शमन
Conspiracy	षडयंत्र
Conduct of business	कामकाज का संचालन
Contentious	प्रतिविरोधात्मक
Contractual right	संविदात्मक अधिकार
Conformable to the judgement	निर्णय के अनुरूप
Conviction for any offence	किसी अपराध के लिए दोष सिद्धि
Co-owner of property	संपत्ति का सहस्वामी
Corporation aggregate	समष्टि निगम
Counter affidavit	प्रतिशपथ-पत्र
Court of reference	निर्देश न्यायालय
Covering note	प्रावरण पत्र
Criminal offence	दंडनीय अपराध
Custodian of deposits	निक्षेप अभिरक्षक
Custom bonus	रुढ़िगत बोनस

"D"

Damage to plaintiff's Reputation	वादी की ख्याति की क्षति
Debt redemption scheme	ऋणमोचन योजना
Decasualization	आकस्मिक नियोजन की पूर्ण समाप्ति
Declarant	घोषणा कर्ता
Declaration of solvency	शोधन क्षमता की घोषणा
Deed of further charge	अतिरिक्त भार का विलेख
Defamatory	मानहानि कारक
Defaulter	व्यतिक्रमी, चूककर्ता
Defective title	त्रुटियुक्त हक
Defendant	प्रतिवादी
Deferred dividend	आस्थगित लाभांश
Defray expenses	व्यय चुकाना
Delegated authority	प्रत्यायोजित प्राधिकार
Delimitation order	परिसीमन आदेश
Deponent	अभिसाक्षी
Deposition of witnesses	साक्षियों के अभिसाक्ष्य

Detrimental to the public interest	लोकहित में हानिकारक
Discharge of principal debtor	मूल ऋणी का उन्मोचन
Disciplinary proceedings	अनुशासनिक कार्यवाही
Discovery of documents	दस्तावेजों का प्रकटीकरण
Doctrine of reasonable classification	युक्तियुक्त वर्गीकरण का सिद्धांत
Document of title	हक का दस्तावेज
Due performance of a contract	संविदा का सम्यक पालन

"E"

Economical rate	मितव्ययी दर
Embody in the document	दस्तावेज में सन्निविष्ट करना
Emergency provision	आपात उपबंध
Endorsement qualified	सशर्त पृष्ठांकन
Enforceable	प्रवर्तनीय
Entertain and dispose of any suit	किसी भी वाद का ग्रहण करना और निपटाना
Entitled to possession	कब्जे का हकदार

Erroneous payment	गलत संदाय
Evict	बेदखल करना
Evidence of formal character	औपचारिक साक्ष्य
Exercising jurisdiction	अधिकारिता प्रयोग करने वाला व्यक्ति
Exonerate absence,to	अनुपस्थिति माफ करना
Ex-parte order	एकपक्षीय आदेश
Expunge or reduce a proof	सबूत को निकालना या घटाना
Extrinsic evidence	बाह्य साक्ष्य
Eye witness	प्रत्यक्षदर्शी साक्ष्य ,चश्मदीद गवाह

"F"

Failure of justice	न्याय का न हो पाना
Failure of proof of an offence	अपराध का सबूत न होने पर
Fair and just	उचित और न्यायसंगत
False accusation	मिथ्या अभियोग
False impression	मिथ्या धारणा
File a writ	याचिका दाखिल करना
Final judjement	अंतिम निर्णय

For the ends of justice	न्याय के उद्देश्यों की पूर्ति के लिए
Foregoing provision	पूर्वगामी उपबंध
Forensic	न्याय संबंधी
Forward contract	अग्रिम संविदा
Fraudulent statement	कपटपूर्ण कथन
Fully vouched	पूर्णत: प्रमाणित
Fund capital redemption	पूंजी मोचन निधि
Further charge	अतिरिक्त प्रभार
Further proof	अतिरिक्त सबूत
Furtherance of succession	उत्तराधिकर को अग्रसर करना

"G"

Genuine evidence	असली साक्ष्य
Give effect to provision	उपबंधों को कार्यान्वित करना
Gilt edged security	श्रेष्ठ प्रतिभूति
Gradation list	पदक्रम सूची
Grant of recognition	मान्यता देना
Gratification , pecuniary	धन संबंधी परितोषण

Gravamen of the charge	मुख्य आरोप
Grounds of suspicion	संदेह के कारण
Guardian,testamentary	वसीयती संरक्षक
Guilty intention	दूषित आशय

"H"

Hearing of suit	वाद की सुनवाई
Hearsay evidence	अनुश्रुत साक्ष्य
Heinous offence	जघन्य अपराध
Heir apparent	प्रत्यक्ष वारिस
High contracting party	उच्च संविदाकारी पक्षकार
Hold office for life	आजीवन पदधारण करना
Holding office	पद धारण करने वाला
Holding out	व्यपदेशन करना
Hostile witness	पक्षद्रोही साक्षी

"I"

Illegal charge	अवैध प्रभार
Illegal consideration	अवैध प्रतिफल
Impartial enquiry	पक्षपातरहित जांच
Impede the execution of the trust	न्यास के निष्पादन में अड़चन डालना
Imputation	अभ्यारोपण,लांछन
Impound a document	दस्तावेज को परिबद्ध करना
Interim order	अंतरिम आदेश
In consonance with	के अनुकूल
In default of agreement	करार के अभाव में
In the entirety	पूर्णत:
In the execution of office	पद के निष्पादन में
Incidence of tax	कर का भार
Infringement of rules	नियम-अतिलंघन
Injunction,interim	अंतरिम व्यादेश

“J”

Judicial principles	न्यायिक सिद्धांत
Judicial possession	विधिक कब्जा
Jurisdiction, plenary	सर्वांगीण अधिकारिता
Justified by law	विधि द्वारा न्यायानुमत

“K”

Keep in force a contract	संविदा प्रवृत्त रखना
Knock down	बोली खत्म होना

“L”

Lapsed deposit	व्यपगत निक्षेप
Leave, terminal	सेवांत छुट्टी
Leave to disclaim	दावा त्याग करने की इजाजत
Leave to issue execution	निष्पादन को जारी करने की इजाजत
Legal character	विधिक हैसियत
Legal requirements	विधिक अपेक्षाएं

Legality of contract	संविदाकी वैधता
Legitimate business needs	समुचित कारोबार संबंधी आवश्यकताएं
Legitimate use	विधि सम्मत उपयोग
Liquidated sum	परिनिर्धारित राशि
Lodge an account	लेखा दाखिल करना
Lous standi	सुने जाने का अधिकार,वैध स्थिति

"M"

Maintaining order	व्यवस्था बनाए रखना
Make up the cash	रोकड़ का मिलान करना
Mandamus	परमादेश
Meet expenditure	व्यय की पूर्ति करना
Meet grant	अनुदान की पूर्ति करना
Mitigate the punishment	दंड में कमी करना
Motion, adjourned	स्थगन सुनवाई
Motion of hearing	समावेदन की सुनवाई
Motion of no confidence	अविश्वास प्रस्ताव
Mutual guarantee funds	पारस्परिक प्रत्याभूति निधि

"N"

Negative agreement	नकारात्मक करार
Next succeeding	निकटतम उत्तरवर्ती
Non-negotiable document	अपरक्राम्य दस्तावेज
Notification of assignments	समनुदेशनों की अधिसूचना

"O"

Oath of allegiance	निष्ठा शपथ
Operative part of the judgement	निर्णय का प्रवर्तनशील भाग
Order for conveyance	हस्तांतरण आदेश
Order for dismissal	पदच्युति का आदेश
Original defendant	मूल प्रतिवादी
Overrunning	आगे निकल जाना

"P"

Period of currency of the cheque	चैक के चालू रहने की अवधि
Perpetual injunction	शाश्वत व्यादेश
Perpetual succession	शाश्वत उत्तराधिकार
Plaint	वादपत्र
Plaintiff	वादी
Plead guilty to the charge	आरोप का दोषी होने पर अभिवचन करना
Pleader	अभिवक्ता
Pleading	अभिवचन
Post date	आगे की तारीख डालना
Postulates, jural	विधिगत मान्यताएं
Power of attorney	मुख्तारनामा
Power to exempt	छूट देने की अवधि
Prefer an appeal	अपील करना
Prefer charge	आरोप लगाना
Primary evidence	प्राथमिक साक्ष्य
Prosecution	अभियोजन

Proclaimed offender	उदघोषित अपराधी
Prohibitory order	प्रतिषेधात्मक आदेश
Prosecution of proceedings	कार्यवाही चलाना
Protection of title	हक का संरक्षण
Public official document	लोकशासकीय दस्तावेज
Public trustee	लोकन्यासी
Punishment, inflict	दंड देना
Purpose expressed in section	धारा में अभिव्यक्त प्रयोजन

"Q"

Quashing commitment	सुपुर्दगी का अभिखंडन
Quasis-commercial basis	अर्ध-वाणिज्यिक आधार
Question of title	हक का प्रश्न

"R"

Readmit the suit	वाद पुनर्ग्रहण करना
Ready delivery contract	तुरंत परिदान संविदा

Reception of evidence on affidavit	साक्ष्य का शपथ-पत्र पर लिया जाना
Reciprocal provision	व्यतिकारी उपबंध
Record of finding	निष्कर्ष अभिलिखित करना
Recording a debit	----के नामे रकम डालना
Red ink interest	अग्रतिथि ब्याज
Refrence to High Court	उच्च न्यायालय को निर्देश
Refusal or rejection	इंकार या खारिजी
Refuse to state a case	मामले का कथन करने से इंकार करना
Registered proprietor	रजिस्ट्रीकृत स्वत्वधारी
Remissions of punishment	दंड का परिहार करना
Repudiate the suit	वाद का निराकरण करना
Recession of contract	संविदा का विखंडन
Reserve judgement	निर्णय बाद में दिए जाने के लिए छोड़ना
Resist suit	वाद का प्रतिरोध करना
Respondant	प्रत्यर्थी
Return a verdict	अधिमत दे देना
Revocable	प्रतिसंहरणीय

"S"

Searches and seizure	तलाशियां और अभिग्रहण
Sentence	दंडादेश
Serve an order	आदेश की तामील करना
Settlement arrived at by agreement	करार द्वारा किया गया परि निर्धारण
Settlement of disputes	विवादों का निपटारा
Specific legatee	विनिर्दिष्ट वसीयत दार
Specific relief	विनिर्दिष्ट अनुतोष/राहत
Statutory meeting	कानून द्वारा अपेक्षित अधिवेशन
Strike down	अभिखंडित करना
Subject to agreement	करार के अधीन
Submission to the order	आदेश मानना
Substantial interest	सारभूत हित
Successor in title	हक का उत्तराधिकारी
Suffjciency in law	विधि की दृष्टि में पर्याप्तता
Sufficient to cover the amount	रकम की पूर्ति के लिए पर्याप्त
Suit filed account	वाद दाखिल खाता

Supersede	अधिक्रमण करना
Surviving party	उत्तरजीवी पक्षकार
Sustain the charge	आरोप सिद्ध होना

"T"

Testimony	परिसाक्ष्य
Time barred claim	कालातीत दावा
Tort	अपकृत्य
Transfer ledger abstract	अंतरण खाता सार
Treaty for the sale	बिक्री की बातचीत
Trust, acceptance of	न्यास का प्रतिग्रहण
Trust, disclaimer of	न्यास से इंकार
Trust of office	पद के दायित्व

"U"

Ultra vires	अधिकारातीत
Umpire	अधिनिर्णायक
Under my hand	मेरे हस्ताक्षर से

Unlawful	विधि विरुद्ध
Unqualified acceptance	बिना शर्त प्रतिग्रहण
Unsecured debt	अप्रतिभूत दायित्व
Uphold the objection	आक्षेप को मान्य ठहराना
Upon oath	शपथ पर
Upset price	प्ररक्षित कीमत
Use, economic	आर्थिक उपयोग
Use up	समाप्त करना
Usurious loan	अतिब्याज उधार

"V"

Vacate the order	आदेश को रद्द करना
Vacation of office	पद रिक्ति
Valid charge	विधि मान्य आरोप
Validity of conviction	दोष सिद्धि की विधि मान्यता
Verified claim	सत्यापित दावा
Violation of constitution	संविधान का अतिक्रमण
Void contract	शून्य संविदा
Voluntarily executed	स्वेच्छया निष्पादित

“W

Waive right of appeal	अपील का अधिकार छोड़ना
Want of prosecution	अभियोजन का अभाव
Wilful defiance of authority	प्राधिकारी का जान बूझकर किया गया तिरस्कार
Winding up subject to supervision	पर्यवेक्षणाधीन परिसमापन
With the consent of parties	पक्षकारों की सम्मति से
Withdraw the approval	अनुमोदन वापिस लेना
Without recourse	दायित्व रहित
Would constitute an offence	अपराध होना
Writing under their hands	स्वहस्ताक्षरित लेख
Writs, high prerogative	उच्च परमाधिकार रिट
Wrongfully deprive	दोषपूर्वक वंचित करना
Wrongly rejected	गलत तौर पर नामंजूर
Wrongfully proceeded against	---के विरुद्ध दोषपूर्ण ढंग से कार्यवाही किया जाना

“Y”

Yield up interest	हित छोड़ देना

❑

अध्याय 5
कंप्यूटर शब्दावली

आधुनिक बैंकिंग पूरी तरह सूचना प्रौद्योगिकी पर आधारित होने के कारण कंप्यूटर ही एक ऐसा माध्यम है जिसके जरिए बैंक का व्यवसाय,ग्राहकों के लेन-देन,उनकी जमाराशियां, ऋणियों से वसूली करने योग्य धनराशियां, बैंक के आय-व्यय सहित सभी जानकारियां उपलब्ध हो सकती हैं। ऐसी स्थिति में यह आवश्यक है कि इंटरनेट बैंकिंग के उद्देश्य और इंटरनेट की देन 'ई-कॉमर्स' पर दृष्टिपात करने के साथ-साथ कंप्यूटर-शब्दावली का संक्षिप्त परिचय प्राप्त किया जाए।

• इंटरनेट बैंकिंग

ग्राहक अपने डेस्कटॉप पर इंटरनेट के माध्यम से बैंकिंग और वित्तीय सुविधाएं प्राप्त कर सकें, इसके लिए सुविधा एवं कम लागत की बैंकिंग उपलब्ध करवाने के उद्देश्य से इंटरनेट बैंकिंग की सेवा आरंभ की गई थी। इस सेवा के अंतर्गत ग्राहक बैंक में अपने खातों को देखने और मॉनिटर करने के अलावा विभिन्न बैंकों में निधि अंतरण, इंटरनेट से करवाए जाने वाले टिकट आरक्षण ,कर भुगतान,खरीददारी , दान देने जैसी सेवाओं के लिए भुगतान भी कर सकते हैं।

• इंटरनेट की देन : 'ई- कॉमर्स

वस्तुओं एवं सेवाओं की खरीद,बिक्री एवं विपणन तथा धन का हस्तांतरण इंटरनेट के जरिए करने की प्रक्रिया ई-कॉमर्स है। ई-कॉमर्स अर्थात इलैक्ट्रॉनिक कॉमर्स ने एक और क्रांति को जन्म दिया है जिसने कारोबार

की परिभाषा ही बदल दी है। इलैक्ट्रॉनिक माध्यम से की गई खरीद और बिक्री ने इलैक्ट्रॉनिक कार्य-माहौल और कागजविहीन रूप प्रदान किया है। ई-कॉमर्स के लिए इंटरनेट वरदान साबित हुआ है। इंटरनेट से करोडों कंप्यूटर जुड़े हैं और इसका उपयोग वाणिज्यिक उद्देश्यों के लिए व्यापक रूप से हो रहा है

लेन-देन के आधार पर ई-कॉमर्स को निम्नलिखित प्रकारों में विभाजित किया जा सकता है:-

- व्यवसायियों एवं ग्राहकों के बीच
- विभिन्न व्यवसायियों के बीच
- व्यवसायियों एवं प्रशासन के बीच

ई-कॉमर्स सौदों के भुगतान के लिए निम्नलिखित विकल्प अपनाए जा सकते हैं:-

I. ऑनलाइन बैंकिंग द्वारा इंटरनेट के माध्यम से सीधे खाते को डेबिट करना।
II. क्रेडिट/ डेबिट कार्ड से भुगतान करना

ई-कॉमर्स के अंतर्गत सर्वाधिक महत्वपूर्ण बिंदु सौदों की सुरक्षा है और इसके लिए यह अपेक्षित है कि किए गए सौदों का पूरी तरह रिकॉर्ड रखते हुए ग्राहक सौदों के दौरान सभी सुरक्षा उपायों का पालन करे।

ई-कॉमर्स ने विक्रेताओं /ग्राहकों को न केवल नया बाजार उपलब्ध करवाया है बल्कि इसके माध्यम से कंपनियां भी अपना कारोबार सहज रूप से करने लगी हैं। विक्रेता एक ओर नए ग्राहकों तक पहुंच रहे हैं वहीं ग्राहकों को कम लागत पर विश्वसनीय चीजें हर समय उपलब्ध हैं।

निस्संदेह ई-कॉमर्स आज की तेज रफ्तार जिंदगी का अभिन्न अंग बनता जा रहा है।

• कंप्यूटर शब्दावली

कंप्यूटर शब्दावली को कंप्यूटर के बाहरी भाग (हार्डवेयर) और कंप्यूटर पर कार्य करने की आंतरिक प्रक्रिया (सॉफ्टवेयर) के आधार पर दो भागों में विभाजित किया जा सकता है।

• हार्डवेयर-शब्दावली

Alt (ऑल्ट)- कंप्यूटर की-बोर्ड की एक " की' जिसके साथ कोई अन्य "की" दबाने से उस "की" का कार्य बदला जा सकता है।

Back space (बैक स्पेस)- संसूचक को पीछे की ओर ले जाने वाली की-बोर्ड की एक " की'।

Computer (कंप्यूटर)- एक ऐसी इलैक्ट्रॉनिक मशीन जो आंकड़ों को एकत्रित और प्रोसेस करती है। कंप्यूटर में एक हार्डवेयर होता है जो स्वयं में एक मशीन है और स्विच, तार, मोटर, विद्युत सर्किटों का समूह मात्र है। चुम्बकीय टेप, केंद्रीय प्रसंस्करण यूनिट, नियंत्रण कक्ष आदि इन्हीं के संयोजन से बनते हैं। इन्हीं यांत्रिक उपकरणों को तकनीकी भाषा में हार्डवेयर कहते हैं। इसी हार्डवेयर को स्वचालित बनाने के लिए सहायता पहुंचाने वाले प्रोग्राम सॉफ्टवेयर कहलाते हैं जो अनुदेशों का एक सेट है।

Cursor (कर्सर)- स्क्रीन पर आदेशानुसार विचरण करने वाला संकेत जो टाइप करने पर अक्षर का स्थान दर्शाता है।

Ctrl (कंट्रोल)- कंप्यूटर की-बोर्ड की एक " की' है जिसे दबाए रखते हुए अन्य "की" दबाकर विशिष्ट कार्य के लिए कमांड दिया जाता है।

Del (डिलिट)- की-बोर्ड की एक " की' जिसका प्रयोग स्क्रीन पर टाइप किए हुए अक्षरों को मिटाने के लिए किया जाता है।

Desktop (डेस्कटॉप)- कंप्यूटर की स्क्रीन, जिस पर विशिष्ट सॉफ्टवेयर का उपयोग करते हुए मुद्रित किए जाने वाले दस्तावेजों का डिजाइन,ले-आउट आदि तैयार किए जाते हैं।कंप्यूटर पर कार्य न करने की स्थिति में कंप्यूटर आरंभ करने पर व्यक्ति-विशेष द्वारा डाले गए सभी आइकॉन्स (Icons) इसी स्क्रीन पर दृष्टिगत होते हैं।

Disk (डिस्क)- प्लास्टिक या अल्युमिनियम की सपाट गोल प्लेट जिस पर चुम्बकीय पदार्थ की परत चढ़ी होती है । इस प्लेट पर चुम्बकीय क्षेत्र का निर्माण कर सूचना संचित की जाती है।

Disk drive- डिस्क ड्राइव-कंप्यूटर में लगा एक ऐसा उपकरण जो चुम्बकीय डिस्क को घुमाता है और हेड की स्थिति को नियंत्रित करता है।

Esc (एस्केप)- की-बोर्ड की एक " की' है जो कंप्यूटर के मूल "मोड" को या उसके कार्यों को नियंत्रित करती है।

Key board (की बोर्ड)- जिस पर सभी अक्षर ,संख्याएं और अन्य बटन लगे होते हैं।टाइप करने पर मॉनिटर पर संबंधित चिह्न दिखाई देते हैं।

Laptop (लेपटॉप)- एक छोटा पोर्टेबल कंप्यूटर

Monitor (मॉनिटर)- एक स्क्रीन जिस पर जो कुछ भी किया जाता है, दिखाई देता रहता है।

Mouse (माउस)- कंप्यूटर का एक छोटा सा उपकरण जिससे सॉफ्टवेयर संचालन के कमांड दिए जाते हैं।

Printer (प्रिंटर)- कंप्यूटर प्रिंटर को प्रिंट किए जाने की सूचना भेजता है और वह इसे पेपर पर प्रिंट करता है।

Scanner (स्केनर)- एक ऐसा डिवाइस जो किसी भी सपाट दस्तावेज (पेपर आदि) को स्केन करता है और उसकी प्रतिकृति (image) कंप्यूटर पर भेजता है।

Touch pad (टच पैड)- लेपटॉप का एक भाग जो माउस की जगह कार्य करता है। कर्सर को हिलाने के लिए इस पर उंगलियां घुमाते हैं।

• सॉफ्टवेयर-शब्दावली

Access (एक्सेस, पहुंच)- कंप्यूटर का प्रयोग करने अथवा इसकी मेमोरी में संचित फाइलों में कुछ परिवर्तन,परिवर्धन करने की अनुमति ।

Access control (एक्सेस कंट्रोल,पहुंच- नियंत्रण)– यह एक सुरक्षा उपाय है जिसके अंतर्गत कुछ चुनिंदा व्यक्ति ही कंप्यूटर का प्रयोग करते हुए उसमें संचित फाइलों में परिवर्तन करा सकते हैं।

Active file (सक्रिय फाइल)- कंप्यूटर की मैमोरी में संचित फाइलों में से एक फाइल जिस पर कार्य किया जा रहा है।

Alignment (समरेखन)- छापे जाने वाले अक्षरों तथा शब्दों के बीच उचित अंतर और साम्यता ।

Application (अनुप्रयोग)- कंप्यूटर द्वारा किए जानेवाले या किए जा सकने वाले कार्य।

Applications package (अनुप्रयोग पैकेज)- कंप्यूटर प्रोग्रामों और मैन्युअल का पूरा सेट जिसमें किसी कार्य विशेष (जैसे वेतन पत्रक ,स्टॉक नियंत्रण, टैक्स आदि) के सभी पक्षों को शामिल किया जाता है।

Back up (बैक अप)- फाइल या डेटा या डिस्क में संचित कार्य,प्रोग्राम इत्यादि की प्रतिलिपि तैयार करना ताकि मूल कार्य नष्ट हो जाने पर डेटा

इत्यादि पुन: प्राप्त किया जा सके। संक्षेप में "बैक अप" फाइल या दस्तावेज की अतिरिक्त प्रति है।

Beep (बीप)- किसी त्रुटि आदि के होने पर कंप्यूटर या प्रिंटर द्वारा दिया जानेवाला ध्वनि-संकेत।

Bilingual software (द्विभाषी सॉफ्टवेयर)- ऐसा सॉफ्टवेयर जो हिंदी और अंग्रेजी दोनों भाषाओं में कार्य करता है ,यथा –अक्षर, शब्दरत्न, लीप, आकृति, एपीएस, यूनिकोड इत्यादि।

Bit (बिट)- कंप्यूटर प्रणाली में प्रयुक्त होने वाला सबसे छोटा अंक 0 और 1,"Binarydigit" का ही संक्षिप्त रूप "bit" है (दूसरे शब्दों में, बिट का अर्थ कंप्यूटर अक्षर है और बाइट का अर्थ कंप्यूटर-शब्द)।

Buffer (बफर)- प्रोसेस किए जाने वाले डेटा के लिए अस्थायी भंडारण-क्षेत्र।

Byte (बाइट)- एक बाइट एक कंप्यूटर शब्द के बराबर होता है। एक कंप्यूटर शब्द में 8 बिट ,12 बिट और 24 बिट हो सकते हैं। यह शब्द कंप्यूटर की बनावट के अनुसार इस्तेमाल होते हैं। 1 केबी-1024 बाइट, 1 एमबी-1048576 बाइट,1जीबी-107341824 बिलियन बाइट। मैमोरी की क्षमता बाइट के आधार पर निर्धारित होती है।

Burn a CD (सीडी बर्न करना)- इसका अभिप्राय है – सी डी में डेटा की अतिरिक्त प्रति बनाना। इसे बर्न करना इसलिए कहा जाता है क्योंकि यह वास्तव में सीडी को गर्म करती है।

Central Processing Unit (CPU-केंद्रीय प्रसंस्करण यूनिट) **–** मैमोरी यूनिट,गणितीय प्रक्रिया यूनिट (ALU-Airthmetic and Logacal unit) और नियंत्रण यूनिट का सम्मिलित रूप CPU कहलाता है।

Data (डेटा)- कंप्यूटर में संचित कोई भी जानकारी। यह जानकारी फाइलों, ई-मेल, वीडियो गेम्स, गानों, पिक्चर इत्यादि किसी भी रूप में हो सकती है।

Data corruption (डेटा विकृति) – किसी भी प्रकार की खराबी (शोर अथवा ग़लत उपकरणों) की वजह से उत्पन्न अशुद्धियां ।

Download (डाउनलोड)- यह एक प्रक्रिया है जिसके द्वारा किसी अन्य कंप्यूटर या इंटरनेट से कुछ कॉपी करके अपने कंप्यूटर पर "सेव" किया जा सकता है।

E-mail (ई-मेल)- एक ऐसी प्रक्रिया जिसके माध्यम से इच्छनुसार कोई भी संदेश एक कंप्यूटर से दूसरे कंप्यूटर पर भेजा जा सकता है।

File (फाइल)- कंप्यूटर में डाली गई सूचना का रिकॉर्ड जो कोई संख्या या अक्षर टाइप करके खोली जाती है।

File merge (फाइल समामेलन)- कंप्यूटर में खोली गई अलग-अलग फाइलों की चुनी हुई सूचनाएं आवश्यकतानुसार एक फाइल में समामेलित करना।

Icon (आइकॉन)- एक छोटा चिह्न अथवा तस्वीर जो किसी कार्यक्रम अथवा अन्य किसी चीज का प्रतिनिधित्व करता है।

In put (इनपुट)- कंप्यूटर में डाली जाने वाली सूचना।

LAN (लोकल एरिया नेटवर्क)- किसी कार्यालय के परिसर में लगाए गए सभी कंप्यूटर टर्मिनलों को आपस में जोड़ना।

Memory (मैमोरी)- मैमोरी से अभिप्राय है- कंप्यूटर में एकत्रित डेटा। लंबी मैमोरी को हार्ड ड्राइव में सेव करना चाहिए।

Menu (आदेश सूची)- आदेशों के विकल्पों की सूची जिससे परिचालक स्वयं मार्ग- दर्शन प्राप्त करता है।

Modem (मोडेम)- एक प्रकार का डिवाइस जो कंप्यूटर के संकेतों को ध्वनि- संकेतों में बदलता है और ध्वनि-संकेतों को कंप्यूटर संकेतों में ताकि कंप्यूटर आपस में संकेतों का आदान-प्रदान कर सके।

Network (नेटवर्क)- परस्पर जुड़ा हुआ कंप्यूटरों का समूह जो एक दूसरे को सूचना प्रेषित कर सकें।

Password (पासवर्ड)- यह डेटा सुरक्षित रखने का विशिष्ट कोड है जिससे अन्य कोई व्यक्ति किसी भी कंप्यूटर विशेष में एकत्रित जानकारी प्राप्त न कर सके।

Right click (राइट क्लिक)- माउस पर राइट क्लिक करने से विकल्पों(options) का मेनु (Menu) आता है।

URL (यूआरएल)- इंटरनेट पर मौजूद दस्तावेजों और संसाधनों का पता ।

Virus (वायरस)- कंप्यूटर प्रोग्राम को खराब करने वाला सॉफ्टवेयर।

Wallpaper (वॉलपेपर) डेस्कटॉप की सजावट हेतु डाली गई कोई तस्वीर और डिजाइन।

Word processor (शब्द संसाधक)- शब्दों को जोड़ने, मिटाने, उनमें सुधार करने ,उनका स्थान बदलने तथा अन्य संपादकीय कार्य करने अर्थात शब्दों को संसाधित करने वाला कंप्यूटर।

WWW. (वर्ल्ड वाइड वेब**)-** विश्वभर में कंप्यूटरों को जोड़ने वाले इंटरनेट सर्वरों का ग्रुप।

Wi-fi network (वायरलेस-फाईडिलिटी)– वाई-फाई IEEE 802.11स्तर में आता है। IEEE एक अंतर्राष्ट्रीय स्तरहै। वाई-फाई से बहुत तेज गति

वाले बेतार लैन (LAN) यानि लोकल एरिया नेटवर्क बनाया जा सकता है। वाई-फाई न केवल आसानी से जल्द स्थापित होता है बल्कि गतिशील और लचीला होने के साथ-साथ इसे जरूरत के अनुसार बढ़ाया जा सकता है।

❑

अध्याय-6

वित्तीय अवधारणाएं (Financial Terms)

अधिग्रहण (Takeover): इसका अभिप्राय है, एक कंपनी द्वारा दूसरी कंपनी का अधिग्रहण। कोई भी कंपनी जब दूसरी कंपनी का अधिग्रहण करती है तब उसका स्वामित्व या नियंत्रण अपने कब्जे में ले लेती है, जिसके कारण ये अधिग्रहण (takeover) शेयर धारकों एवं निवेशकों के लिए संवेदनशील एवं महत्वपूर्ण हो जाते हैं।

अल्प इक्विटी (Thin Equity)- जब किसी कंपनी में स्वामित्व पूंजी की मात्रा ऋण पूंजी से कम होती है, तो इस स्थिति को अल्प इक्विटी पर व्यापार कहा जाता है।

अग्रिम कदम उठाना (Beat the Gun)- बाजार की हलचल को भांपकर तदनुसार पहले ही कदम उठाते हुए उससे लाभ अर्जित करना।

अभारित फंड (No load fund)- यदि म्यूचुअल फंडों द्वारा अपने यूनिट सीधे निवेशकों को बेचे जाते हैं तथा कोई मध्यस्थ नहीं होता है तो यूनिटों की बिक्री के लिए कोई कमीशन नहीं देना होता है। इसा प्रकार कोई भार उत्पन्न नहीं होता है। इसा प्रकार के फंड को अभारित फंड कहा जाता है।

अभेद्य कवच (Chinese wall)- शेयर कारोबार करने वाली कोई कंपनी जब यह चाहती है कि उसकी महत्वपूर्ण जानकारी का गैरकानूनी ढंग से कोई उपयोग न करें ।

अनुषंगी बाज़ार (Secondary market)- अनुषंगी बाजार खरीद या बिक्री आदेश बुक करने के लिए व्यापार टर्मिनल उपलब्ध करके निवेशकों को चल निधि प्रदान करता है।

अंतरबैंक भुगतान प्रणाली समाशोधन गृह (Clearing House Interbank Payments Systems (CHIPS)- प्रमुख बैंकों के एक समूह द्वारा उच्च मूल्यवर्ग के भुगतानों के लिए अपनाई जाने वाली एक अंतर्राष्ट्रीय इलैक्ट्रॉनिक अंतरण प्रणाली।

अंतरपणन (arbitrage)- अंतरपणन से अभिप्राय है-एक शेयर बाजार से निर्धारित शेयरों की कम भाव पर खरीदारी करके उसे दूसरे बाजार में ऊंचे भाव पर बेच देने की प्रवृत्ति ।

आउटलुक (outlook)- रेटिंग के साथ जुड़ा हुआ यह शब्द भावी संभावनाओं को दर्शाता है। आउटलुक के आधार पर ही निवेश करने का निर्णय लिया जाता है क्योंकि आउटलुक निगेटिव,पॉजिटिव या फिर स्थिर हो सकता है। निवेशकों के लिए यह अपेक्षित है कि वे निवेश करते समय कंपनी या संस्था के आउटलुक पर ध्यान दें।

आबंटन (allotment)- इसका अभिप्राय है - निवेशकों द्वारा कंपनियों के सार्वजनिक निर्गम के दौरान किये गये आवेदन पर (आईपीओ)जो शेयर उन्हें आबंटित (allot) किए जाते हैं।

ऑर्डर बुक (order book)- कंपनी या संस्था की ऑर्डर बुक में कितने ऑर्डर बकाया पड़े हैं, इसके आधार पर कंपनी के कार्य परिणाम, स्थिरता एवं भविष्य का अनुमान लगाया जा सकता है। ऑर्डर बुक भरपूर होने का अर्थ है कि कंपनी की वित्तीय स्थिति सुदृढ़ है तथा भविष्य में उसकी आय निरंतर बनी रहेगी।

ऑप्शन्स (Options)- प्रचलित रूप में देखा जाए तो इसका अर्थ "विकल्प" होगा लेकिन यह पूरा अर्थ नहीं देता क्योंकि यह एक डेरिवेटिव सिक्यूरिटी है जो हमें जोखिम से बचाती है। इसमें दो पार्टियां होती हैं –खरीददार और विक्रेता । इसमें विक्रेता खरीददार को यह अधिकार देता है अथवा दूसरे शब्दों में बेचता है जिससे वह नियत कीमत (strike price) पर अमुक

शेयर उससे खरीद सके या बेच सके । दूसरे शब्दों में "ऑप्शन्स ' एक ऐसी संविदा है जो धारक को 'Striking price" या "Exercise price" के रूप में प्रचलित किसी निर्दिष्ट मूल्य पर किसी कंपनी के कतिपय शेयर खरीदने (Call option) अथवा बेचने (Put option) का अधिकार प्रदान करती है।

ऑफशोर फंड (offshore fund)- जिस फंड के अंतर्गत म्युचुअल फंड कंपनियां विदेश से धन जुटाकर देश के भीतर विनियोजित करती हैं, उसे ऑफशोर फंड कहते हैं।

आश्वासन पत्र (Comfort Letter)- प्रतिभूति हामीदारी करार में एक स्वतंत्र लेखाकार द्वारा दिया गया एक पत्र जो यह आश्वासन देता है कि पंजीकरण वक्तव्य और ब्यौरा पुस्तिका में दी गई जानकारी लेखाकार की दृष्टि से पूर्णत: सत्य है।

इक्विटी प्रतिफल (Return on equity)- औसत सामान्य इक्विटी के विभाजन से प्राप्त शुद्ध आय। यह अपने शेयरधारकों को कंपनी की बेहतर स्थिति दर्शाने में व्यापक रूप से इस्तेमाल होने वाली प्रणाली है। यह अलग-अलग कंपनियों में अलग-अलग हो सकती है और इसमें उच्चतम संख्या उच्चतम लाभप्रदता को दर्शाती है।

इक्विटी शेयर (Equity share)- इक्विटी शेयर से अभिप्राय ऐसी प्रतिभूति से है जो किसी कंपनी में स्वामित्व हित का प्रतिनिधित्व करती है।

उत्कृष्टमुद्रा (Good money)- ऐसी सरकारी मुद्रा जिसका उसी दिन निपटान/समाशोधन हो जाता है जबकि समाशोधन गृह के माध्यम से आनेवाली मुद्रा (उदाहरणार्थ चेक इत्यादि) के समाशोधन में तीन दिन लग जाते हैं।

उद्यमपूंजी (venture capital)- नए व्यवसाय की शुरूआत के लिए जुटाई जाने वाली पूंजीको उद्यम पूंजी या साहस पूंजी कहते हैं। स्पष्ट शब्दों में इससे अभिप्राय है - निवेशकों द्वारा शुरू की जा रही छोटी कंपनियों या

औद्योगिक अथवा वाणिज्यिक उद्यमों,भविष्य में जिनके विकास की प्रबल संभावना हो, की स्थापना के प्रारंभ में सहायता के तौर पर उपलब्ध करवाई जाने वाली पूंजी। कंपनियां एसी पूंजी जुटाने के लिए इक्विटी शेयर जारी करती हैं।

एकमुश्त जानकारी (Chunk)- एक या एक से अधिक जानकारियों का समूह जो एक विचार अथवा धारणा के रूप में कार्य करता है।

ओपन एंडड फंड (openended fund)- ऐसी सतत खुली योजनाएं जिनकी कोई लॉक-इन अवधि नहीं होती (अर्थात वह पूर्व निर्धारित अवधि जिससे पहले निवेश किए गए पैसे निकालने की अनुमति नहीं होती)। इनके यूनिटों की खरीद- बिक्री तत्कालीन शुद्ध परिसंपत्ति मूल्य पर कभी भी की जा सकती है।

ऋण जोखिम, निवेश (exposure)- सामान्यत: इसे जोखिम कहा जाता है। जब कोई निवेशक किसी कंपनी में निवेश करता है तो इसका अभिप्राय है कि उक्त निवेशक ने कंपनी में एक्सपोजर लिया है। एक्सपोजर मात्र कंपनी में ही नहीं बल्कि संपूर्ण उद्योग या अर्थतंत्र में भी लिया जाता है। जब कोई निवेशक अन्य देश में निवेश करता है तो कहा जाता है कि उसने उस देश के अर्थ तंत्र में या उस देश की कंपनियों, उद्योगों में एक्सपोजर अर्थात जोखिम ली है। वायदे के सौदों में यह शब्द काफी उपयोग में लाया जाता है क्योंकि जब कोई ट्रेडर भावी सौदे (future contract) करता है तब वह भविष्य की जोखिम लेता है। व्यक्ति जब भी कोई निवेश करता है तब उसके मूल्य में घट-बढ़ की संभावना होने से उस निवेश का एक्सपोजर कहा जाता है।

विश्वसनीय / निवेश योग्य शेयर, ब्लू चिप (blue chip) : शेयर बाजार की श्रेष्ठ –मजबूत कंपनियों के लिए इस शब्द का प्रयोग किया जाता है। किसी कंपनी का ब्लू चिप होने का अभिप्राय यह है कि उसके शेयर निवेशकों के

लिए पसंदीदा शेयर हैं। इस प्रकार की कंपनियों में सौदे भी काफी होते हैं, उतार-चढ़ाव भी काफी होता है और होते हैं और उनमें निवेशकों का आकर्षण भी खूब बना रहता है।

कंपनी/संस्था कार्रवाई (Corporate action): कंपनी द्वारा जब कभी भी शेयरधारकों या बाजार से संबंधित कोई निर्णय लिया जाता है तो उसे कार्पोरेट एक्शन कहा जाता है। उदाहरण के लिए लाभांश/ब्याज का भुगतान, राइट/बोनस इश्यू, मर्जर/डिमर्जर, बाई बैक,ओपन ऑफर जैसी बातें कार्पोरेट एक्शन कही जाती हैं।

कंसेंट ऑर्डर (consent order) : प्रतिभूति बाजार में यह शब्द पिछले एक-दो वर्षों से प्रचलित हुआ है। जब भी बाजार का कोई मध्यस्थ - खिलाड़ी नीति नियमों का उल्लंघन करता है तब उसके विरूद्ध कार्रवाई की जाती है। उल्लंघन करने वाला यदि अपना अपराध स्वीकार न करे तो वह अपना विवाद सेट, हाई कोर्ट और सुप्रीम कोर्ट तक ले जा सकता है। ऐसा करने पर उसे काफी खर्च करना पड़ सकता है तथा समय भी काफी बर्बाद हो सकता है। यदि कोई इन लंबी कानूनी प्रक्रियाओं से बचना चाहे तो वह अपनी भूल स्वीकार कर लेता है और सेबी (SEBI) उस पर निर्धारित आर्थिक दंड लगाकर एक कंसेंट ऑर्डर जारी कर देती है। ऐसा करने से समय और खर्च बच जाता है, जबकि अपराधी को आर्थिक सजा भी मिल जाती है। हालांकि विशेष प्रकार के अपराधों में ही कंसेंट ऑर्डर की सुविधा मिलती है। गंभीर प्रकार के अपराध करके कंसेंट ऑर्डर के जरिए मुक्ति नहीं पायी जा सकती। न्यायालयों में विवादों के ढेर लगे हुए हैं तथा मामलों के निर्णय आने में वर्षों लग जाते हैं| ऐसी स्थिति में कंसेंट ऑर्डर के जरिए मामलों को निपटाना एक व्यवहारिक मार्ग है। विदेशों में यह प्रथा प्रचलित है। सेबी द्वारा यह प्रथा शुरू करने के बाद अनेक मामलों के निर्णय जल्दी हो पाये हैं और आर्थिक दंड के रूप में इस प्रक्रिया के जरिए काफी धन जमा

हुआ है। इस राशि का उपयोग निवेशक के संरक्षण (investor protection) अथवा शिक्षा पर किया जा सकता है।

के वाई सी, अपने ग्राहक को जानिए (know your customer) : आजकल बैंकिंग और वित्तीय क्षेत्र में केवाईसी अत्यंत महत्वपूर्ण हो गया है, विशेषत: बैंक खाता खोलने, शेयर ब्रोकर के पास ट्रेडिंग खाता या फिर डिमैट खाता खुलवाते समय केवाईसी का फॉर्म भरना अनिवार्य है । बेनामी तथा गैर कानूनी प्रवृत्ति का धन बाजार में प्रवेश न कर पाये इसके लिए यह नियम लागू किया गया है। नो योर कस्टमर` अर्थात आप अपने ग्राहक को जानो व ग्राहक को पहचानों। दूसरे शब्दों में कहें तो वास्तव में अस्तित्व में है या नहीं, इसकी जांच करना जरूरी हो गया है। काला धन, अपराध व अंडर्वर्ल्ड का धन, हवाले का धन आदि बैंकिंग व शेयर बाजार के माध्यम से प्रवेश कर रहा है ऐसी शंका या भय के आधार पर सरकार ने इस पर अंकुश लगाने के लिए केवाईसी का पालन करना आवश्यक बनाया है। इससे पहले आईपीओ घोटाले के समय बोगस डिमैट और बैंक एकाउंट खुलवाने के प्रकरण प्रकाश में आये हैं, जिनमें कि वास्तव में कोई खाता धारक होता ही नहीं था और अनेक बेनामी और बोगस खाते खुल गये थे। इसके बाद सेबी ने पूंजीबाजार में केवाईसी आवश्यक करने का निर्णय लिया जो म्युच्युअल फंड के लिए भी लागू हो गया है।

खजाना बिल (treasury bill) -वर्ष 1986में प्रारंभ किए गए इस संघटक का उपयोग सरकार करती है।ये सरकार द्वारा रियायत पर जारी किए जाने वाले लघु अवधि 91 अथवा 182 दिवसीय यानि 3 माह, 6 माह अथवा एक वर्ष के लिखत हैं जिन पर कोई ब्याज देय नहीं होता और जो समतुल्य परिपक्वता पर देय होते हैं।

गिरवी रखे गये शेयर (pledged shares): इसका अभिप्राय है- शेयर गिरवी रखकर ऋण सुविधाएं प्राप्त करना जिससे कंपनी के विकास-कार्यों पर इनका उपयोग किया जा सके। कोई भी निवेशक या खुद कंपनियों के

प्रमोटर शेयरों को बैंक या अन्य वित्तीय संस्थानों के पास गिरवी रखकर ऋण ले सकते हैं। इस प्रकार ऋण के लिए बतौर गारंटी गिरवी रखे गये शेयरों को (pledged shares) कहा जाता है। कंपनियां इस मार्ग से शेयर गिरवी रखकर ऋण सुविधाएं लेती हैं और उसका उपयोग कंपनी के विकास कार्यों पर करती हैं। ऋण लेने के लिए यह एक आसान एवं अच्छा मार्ग है। परंतु सत्यम कंप्यूटर घोटाले के बाद हुई जांच में सेबी का ध्यान इस तरफ गया कि कंपनी के प्रमोटर भारी संख्या में शेयर गिरवी रखकर धन इकट्ठा करके उसका अन्यत्र उपयोग कर लेते हैं, जिससे कंपनी को कोई फायदा नहीं होता। इस विषय में पारदर्शिता के अभाव में निवेशकों को इस सच्चाई का पता नहीं लग पाता है कि प्रमोटरों की कंपनी में कितनी शेयरधारिता है क्योंकि प्रमोटरों की शेयरधारिता ही इस बात का संकेत है कि प्रमोटरों का कंपनी के साथ कितना हित जुड़ा हुआ है। सत्यम घोटाले के उजागर होने के बाद ही सेबी ने समय-समय पर प्रमोटरों द्वारा गिरवी रखे गये उनके हिस्से के शेयरों की जानकारी घोषित करने का दिशा निर्देश जारी किया। अत: निवेश करते समय प्रमोटरों की शेयरधारिता पर ध्यान रखना अपेक्षित है।

छूट (Abatement)- इससे तात्पर्य है- कर, उधार अथवा किसी भी तरह की अन्य देयताओं का भुगतान करने से छूट का मिलना अथवा उसमें कटौती होना। कई बार संविदा में ही इस छूट या कटौती का समावेश कर लिया जाता है। उदाहरणार्थ किसी भवन में आग लगने,बाढ़ या अन्य किसी दुर्घटना के घटित होने पर उसे किराए में दी जाने वाली छूट।

त्वरित आस्ति अनुपात (Acid Test Ratio)- त्वरित आस्ति अनुपात उस अनुपात को कहते हैं जिसके द्वारा इन्वेंटरी को घटाते हुए तथा चालू आस्तियों के समायोजन से किसी संगठन की चलनिधि का मापन किया जाता है।

दूरस्थ भुगतान प्रणाली (Wire Payment)- इस सेवा के माध्यम से कोई कंपनी किसी भी व्यक्तिगत घरेलू अथवा ऑफिस के कंप्यूटर से विश्व में कहीं भी सीधे ही वास्तविक रूप से भुगतान भेज सकती है। इससे संबंधित शाखाओं को किए जाने वाले फोन, फैक्स,पत्र अथवा यात्रा में व्यर्थ समय गंवाना नहीं पड़ता। यह अत्यंत सुरक्षित है और "पिन' एवं "गूढ़ लेखन" तकनीक के नवीनतम रूप का उपयोग करते हुए भुगतान करते हैं जिसमें कई स्तरों पर सुरक्षा का ध्यान दिया जाता है।' वायर पेमेंट" किसी भी घरेलू गंतव्य अथवा विश्व में कहीं भी बिना किसी जटिलता के भुगतान की व्यवस्था करते हैं।

नकारात्मक दर (Burn rate)- नकारात्मक दर से अभिप्राय नकारात्मक नकदी प्रवाह की दर से है।पूंजी निवेश के हानिप्रद होने अथवा अतिरिक्त पूंजी निवेश की आवश्यकता का निर्धारण करने के संदर्भ में इस दर का प्रयोग किया जाता है।

नीलामी (Auction): शेयर बाजार में जब कोई निवेशक शेयर बेच देता है, परंतु समय पर उसकी डिलिवरी देने में असफल रहता है तो एक्सचेंज की कार्य पद्धति के तहत निवेशक के शेयर डिलिवरी दायित्व को उतारने के लिए उतने ही शेयरों की आवश्यक रूप से नीलामी की जाती है। इस प्रक्रिया में नीलामी के जरिए उतनी संख्या के शेयर बाजार के वर्तमान भाव पर ब्रोकर के द्वारा खरीदे जाते हैं और इसके भाव अंतर की राशि निवेशक से वसूली जाती है। इसका कारण यह है कि निवेशक ने अपने पास शेयर हुए बिना भी उनको बेच दिया था। इसी प्रकार खोटी बिक्री (short sales)के अंतर्गत भी निवेशक को बाजार भाव पर शेयर खरीद कर डिलिवरी देनी होती है, परंतु जब कोई निवेशक स्वेच्छा से ऐसा नहीं करता है तो बाजार के नियमों के तहत स्टॉक एक्सचेंज द्वारा आवश्यक रूप से नीलामी के मार्फत उस सौदे का निपटान किया जाता है।

ट्रीगर (Trigger) : इसका अभिप्राय बाजार को गति देने वाले कारक तत्व से है। वस्तुत: शेयर बाजार एक या अनेक कारक तत्वों के आधार पर संचालित होता है, उसकी गति ऊपर या नीचे की ओर हो सकती है परंतु बाजार को वेग देने के लिए ट्रीगर प्वाइंट जरूरी है। उदाहरण के लिए सरकार जब कोई उदार एवं प्रोत्साहनात्मक नीति जाहिर करती है या रिजर्व बैंक द्वारा अत्यधिक प्रोत्साहन वाली ऋण नीति की घोषणा हो तो बाजार को ऊपर जाने के लिए ट्रीगर मिल जाता है।

डेरिवेटिव, व्युत्पन्न (Derivative)- इससे अभिप्राय ऐसी वित्तीय लिखतों से है जिनका अपना मूल्य नहीं होता।यह दो या दो से अधिक पक्षों के बीच किया जाने वाला करारहै।इसका मूल्य निर्धारण संबंधित परिसंपत्तियों के मूल्य में होने वाले उतार-चढ़ाव के आधार पर किया जाता है ऐसी परिसंपत्तियों में प्राय: ऑप्शन्स, फ्यूचर्स, स्टॉक, बॉन्ड, जिंस, मुद्राएं, ब्याज-दर और बाजार सूचकांक शामिल होते हैं। डेरिवेटिव का इस्तेमाल साधारणत: जोखिमों की हेजिंग के लिए किया जाता है लेकिन इसका प्रयोग सट्टेबाजी के उद्देश्य से भी किया जा सकता है। उदाहरणार्थ एक यूरोपियन निवेशक अमेरिकन कंपनी के शेयरों की खरीदारी अमेरिकन एक्सचेंज से (डॉलर का इस्तेमाल करते हुए) करता है। शेयर अपने पास रखते हुए उसे विनिमय दर का जोखिम बना रहता है। इस जोखिम की हेजिंग के लिए वह निवेशक विशेष विनिमय दर के मुताबिक डॉलर को यूरो में परिवर्तित करना चाहेगा। इस उद्देश्य की पूर्ति के लिए वह मुद्रा की वायदा खरीद सकता है ताकि जब कभी वह अपना शेयर बेचे दूसरी आधारभूत और मुद्रा को यूरो में परिवर्तित करे तो उसे विनिमय दर संबंधी हानि न हो। इनका मूल्य-निर्धारण दूसरी मूलभूत वस्तुओं के आधार पर निर्भर होने के कारण इन्हें व्युत्पन्न नाम दिया गया है।

पूंजी बाजार अंतर (Capital Market Line)- जोखिम मुक्त आस्तियों और बाजार संविभाग के संमिश्रण से परिलक्षित होने वाला अंतर जो यह

दर्शाता है कि अतिरिक्त जोखिम लेने पर आप कितना प्रीमियम कमा सकते हैं।वस्तुत: इस प्रकार की गणना पूंजी आस्ति मूल्यन प्रणाली से की जाती है।

प्रकटीकरण (disclosure) : इस शब्द का प्रयोग भारतीय प्रतिभूति और विनिमय बोर्ड (SEBI) नियमों तक ही सीमित नहीं बल्कि शेयर बाजार के साथ-साथ समस्त नीति –नियमों में उपयोग किया जाता है। साधारण अर्थों में इसका अर्थ है खुलासा करना अर्थात डिस्क्लोज करना। इस शब्द का पूंजी बाजार में काफी महत्व है। इसके आधार पर ही निवेश का निर्णय लिया जाता है। निवेशकों को कंपनी तथा उसके मध्यस्थों के बारे में आवश्यक जानकारियां समय-समय पर मिलती रहे, इसके लिए सेबी समय-समय पर प्रकटीकरण के नियम बनाती एवं संशोधित करती रहती है। निवेश करने का निर्णय लेने में ये जानकारियां पर्याप्त महत्वपूर्ण हैं।

प्रतिविक्रय (Cross selling)- बैंकों द्वारा अपने उत्पादों के विक्रय की एक प्रणाली । जैसे क्रेडिट कार्ड का विक्रय करते समय ग्राहक को उसी बैंक के बीमा उत्पाद के बारे में भी जानकारी दी जाए और इस तरह उसके अपने उत्पादों की बिक्री में भी इजाफा हो सकता है।

प्रतिभूतियां (Securities)- प्रतिभूतियों से आशय उन लिखित प्रमाण-पत्रों से है जो ऋण लेने के बदले दी जाती हैं।इनमें जारी किए जाने की शर्तों एवं मूल्यों का उल्लेख होता है तथा इनका क्रय-विक्रय भी किया जाता है। इनका अर्थ प्राय: शेयर और बांड से लिया जाता है लेकिन अन्य मूल्यवान वस्तुएं भी इनमें शामिल की जाती हैं। संक्षेप में सरकार द्वारा जारी किए जाने वाले बांड, अधिमान्य शेयर, ऋण-पत्र आदि प्रतिभूतियों की श्रेणी में आते हैं। इस प्रकार प्रतिभूति शब्द का प्रयोग व्यापक तौर पर किया जाता है।

प्रोत्साहन पैकेज (stimulus package): इससे अभिप्राय है-मंदी से कंपनी या उद्योग को उबारने या उस उद्योग का अस्तित्व टिकाये रखने के लिए

सरकार द्वारा राहत पैकेज की घोषणा। राहत पैकेज में करों से छूट, अनुदान, ब्याज माफी, ऋण वापस करने के नियमों में छूट जैसी अनेक सुविधाओं का समावेश होता है। सरकार अपने बजट से ये सुविधाएं उस उद्योग को बचाने के लिए उपलब्ध कराती है। ये सुविधाएं निश्चित समयावधि के लिए होती हैं, स्थायी नहीं। राहत पैकेज वापस लेते समय सरकार द्वारा संबंधित उद्योग की आर्थिक स्थिति का पूरा-पूरा जायजा लिया जाता है। उद्योग अपने अस्तित्व को बनाए रखने में समर्थ है या नहीं, सरकार द्वारा लिए इस निर्णय का उस कंपनी या उद्योग के शेयरों पर भी काफी प्रभाव पड़ता है।

पूंजी बाजार (Capital market)- पूंजी बाजार वित्तीय बाजार का एक भाग है जहां कंपनियां निगम शेयर,बांड आदि लिखतों द्वारा पूंजी प्राप्त करते हैं। यह एक ऐसा बाजार है जहां उक्त लिखतों की खरीद तथा विक्रय होता है। सितंबर 1992 से विदेशी संस्थागत निवेशक भारतीय पूंजी बाजार में एक प्रमुख निवेशक बन गए हैं। पूंजी बाजार न केवल बचत को प्रोत्साहित करता है बल्कि उपयुक्त निवेश क्षेत्र द्वारा पूंजी निर्माण में सहायक सिद्ध होता है। प्रमुखत: पूंजी बाजार में प्राथमिक बाजार तथा अनुषंगी बाजार होता है तथा दोनों के बीच निकट संबंध होता है।

प्राथमिक बाजार (primary market) जिसे अन्यथा नए शेयरों का बाजार कहा जाता है, वर्तमान शेयरधारकों तथा निजी तौर पर शेयर आबंटन को भी सार्वजनिक निर्गम (विवरणिका द्वारा), अधिकार निर्गम (प्रस्ताव-पत्र के माध्यम से) द्वारा संस्थाओं का संग्रहण सरल करता है।

अनुषंगी बाजार (secondary market) उन लिखतों के विपणन द्वारा चल-निधि प्रदान करता है। अनुषंगी बाजार की गहराई प्राथमिक बाजार की गतिविधियों पर निर्भर करती है क्योंकि अधिक लिखत कंपनी क्षेत्रों के बाजार में आने तथा निधि लगाने पर ही अनुषंगी बाजार में अधिक उपलब्ध होते हैं\

पूंजी पर्याप्तता अनुपात (Capital Adequacy Ratio)- पूंजी पर्याप्तता अनुपात का जोखिम भारित परिसंपत्ति पूंजी अनुपात (सी आर ए आर) भी कहा जाता है, यह अनुपात बैंक की जोखिम भारित परिसंपत्तियों के संदर्भ में उसकी मूल निवल राशि से संबंधित है। यह अनुपात बैंक के पूंजीकरण के बारे में जोखिम चालित उपाय के रूप में अंतर्राष्ट्रीय स्तर पर स्वीकृत अनुपात है। सामान्यत: इस बारे में बासल (BASEL) मानदंडों को अपनाया जाता है। किसी बैंक में उच्च पूंजी पर्याप्तता अनुपात का अर्थ है कि उसके पास आकलित जोखिम की तुलना में पर्याप्त पूंजी उपलब्ध है।

बॉटम फिशिंग (Bottom Phishing)- बॉटम फिशिंग से अभिप्राय है- न्यूनतम मूल्य खरीद। वस्तुत: न्यूनतम मूल्य पर खरीदी करने वाले निवेशक ऐसे शेयरों की ताक में रहते हैं, जो उनके हिसाब से कीमतों के कम होने की वजह से अधोमूल्यित होते हैं। न्यूनतम मूल्य पर खरीद के पीछे जो तर्क कार्य करता है, उसके अनुसार कई बार किसी कंपनी की वास्तविक वित्तीय स्थिति की तुलना में उसके शेयरों की कीमतें ज्यादा ही गिर जाती हैं और ऐसा खासकर तब होता है जब कंपनी की स्थिति के बारे में कोई बुरी खबर हवा में उड़ने लगती है। लेकिन इस स्थिति के बाद कीमतों में आश्चर्यजनक उछाल आता है और निवेशकों को अच्छा लाभ मार्जिन मिल जाता है।

बाजार हलचल भांपना (Jumping the Gun)- बाजार की उन गतिविधियों की खबर रखना जिनकी जानकारी लोगों तक नहीं पहुंची हो और उसके अनुसार कारोबारी निर्णय लेना। दूसरे शब्दों में शेयर का पंजीकरण होने से पूर्व ही अवैध तरीके से उसे खरीदने के लिए ऑर्डर दे देना।

बाजार मूल्यों पर मूल्यांकन (Mark to market)- इसका अभिप्राय इक्विटी, बांडों तथा प्रतिभूतियों जैसे वित्तीय लिखतों के मूल्यांकन के समय बाजार में प्रचलित मूल्यों पर उनका मूल्यांकन करने से है।

बोली रक्षा अनुपात (Bid to cover rartio)- बोली रक्षा अनुपात से अभिप्राय उस अनुपात से है जो शेयर बाजार में किसी भी शेयर के लिए लगाई गई कुल बोलियों में उस शेयर के लिए स्वीकृत की गई बोलियों से भाग देने पर प्राप्त होता है। कई बार बोलियों की कुल संख्या के स्थान पर बोलियों की कुल राशि को गणना में लिया जाता है। यह अनुपात जितना ऊंचा होगा,उस शेयर की मांग भी उतनी ही अधिक होगी।

बोल्ट (Bolts): बोल्ट अर्थात प्रतिभूतियों की ऑनलाइन स्क्रीन आधारित ट्रेडिंग सुविधा उपलब्ध कराने वाला टर्मिनल। बीएसई के सदस्यों को एक्सचेंज की तरफ से इस टर्मिनल की सुविधा उपलब्ध करायी जाती है।

फ्यूचर्स, **भावी सौदे** (Futures)- सामान्य अर्थों में फ्यूचर्स ट्रेडिंग एक साधन है जो क्रेता को उस वस्तु को खरीदने की अनुमति देता है जिसका विक्रेता ने अभी उत्पादन ही नहीं किया है। फ्यूचर्स संविदाएं दो महत्वपूर्ण कार्य करती हैं-

1.किसी निश्चित वस्तु/पण्य की सही कीमत का पता लगाना और 2.दी हुई वस्तुओं में कीमत-जोखिम का प्रबंध करना। इस प्रकार की संविदा उत्पादनकर्ता के लिए उपयोगी है क्योंकि इससे उसे भविष्य में किसी निश्चित समय पर विभिन्न वस्तुओं की सही कीमतों का अनुमान हो सकेगा जिससे वह विभिन्न वस्तुओं में से सबसे उपयुक्त वस्तु का चयन कर सकेगा।यह व्यवस्था उपभोक्ता को भविष्य में वस्तुओं की कीमतों का सही संकेत देगी। फ्यूचर्स की खरीद कर जोखिम की रक्षा की जा सकती है। सामान्यत: वायदा बाजार आकार में बड़े होते हैं,इसलिए निवेशकों की संख्या तीव्र गति से बढ़ने की संभावना रहती है। इस बाजार में तरलता एक प्रमुख विशेषता है । फ्यूचर्स ट्रेडिंग सीमित पूंजी वाले निवेशकों के लिए अधिक लाभप्रद है क्योंकि थोड़े से धन से बहुत बड़े निवेश को नियंत्रित किया जा सकता है। चूंकि फ्यूचर्स ट्रेडिंग में संविदा करने एवं उसे पूर्ण होने में समय अंतराल होता है जिससे संविदा में सम्मलित पक्षों में जोखिम एवं

अनिश्चितता बनी रहती है, इसलिए वायदा बाजार आयोग (Forward Market Commission) की आवश्यकता महत्वपूर्ण हो उठती है।

भावी हलचल को सूंघना (Dogs of the Dow)- भावी हलचल को सूंघना से अभिप्राय ऐसी निवेश रणनीति से है जिसमें वर्तमानमें कम दाम वाले शेयरों की इस उम्मीद पर खरीद की जाती है कि भविष्य में उनके दाम काफी बढ़ सकते हैं।

मंदड़िया प्रवृत्ति (Bearish spell)- शेयर बाजार में मूल्यों में गिरावट की स्थिति बने रहना।

मंदड़िया धावा (Bear raid)- किसी कारोबारी द्वारा प्रतिभूति विशेष के मूल्य को गिराने के लिए उनकी अधिक बिक्री अथवा अल्पकालीन बिक्री करना। चूंकि मंदड़िया दौर में एक अकेला कारोबारी शेयर बाजार की कीमतों को प्रभावित नहीं कर सकता, अत: प्राय: कई कारोबारी मिलकर इसा तरह की स्थिति पैदा करते हैं।

मानक मूल्य (Strike price)- यह ऑप्शन्स का वह निर्धारित मूल्य है जिस पर प्रतिभूतियों, फ्यूचर्स अथवा किसी अन्य की खरीद-फरोख्त की जाती है।

तेजड़िया प्रवृत्ति (Bullish trend)- शेयरों में अचानक उछाल आना।

दिनांकित प्रतिभूतियां (Dated securities)- सरकार द्वारा जारी निश्चित परिपक्वता अवधि वाली दीर्घकालीन ऋण लिखतें (instruments)| हाल ही में इन प्रतिभूतियों की अधिकतम परिपक्वता अवधि घटाकर 10 वर्ष तक कर दी गई है।

डिबेंचर (Debenture **)-** यह ऋण का एक साधन है जिसके माध्यम से सरकार या कंपनियां धन जुटाती हैं। यह इक्विटी शेयर से भिन्न होता है। डिबेंचर जारी करने वाली कंपनी गिरवी के तौर पर कुछ नहीं रखती। खरीदार उनकी साख और प्रतिष्ठा को देखते हुए डिबेंचर खरीदते हैं।

डिबेंचर जारी करने वाली कंपनी या संस्थान डिबेंचर खरीदनेवालों को निश्चित ब्याज देते हैं। स्पष्ट शब्दों में ये कंपनियों द्वारा जारी ऋण प्रतिभूतियां हैं जिनकी निश्चित परिपक्वता और निर्दिष्ट कूपन दर होती है। यद्यपि डिबेंचरधारक संपार्श्विक द्वारा संरक्षित नहीं होते फिर भी उनके पास पुनर्भुगतान प्राप्त करने का अधिकार रहता है। सरकार द्वारा जारी खजाना बांड या खजाना बिल आदि भी जोखिम रहित डिबेंचर ही होते हैं।

नियमन (Regulation) : प्राय: नियमन और नियंत्रण (control) को एक ही अर्थ में लिया जाता है लेकिन दोनों में अंतर है। नियंत्रण में स्वामित्व का भाव रहता है, जबकि नियमन में नियम का पालन करवाने का भाव होता है। सेबी (SEBI) नाम की पूंजी बाजार की नियामक संस्था शेयर बाजार, शेयर ब्रोकर, म्युच्युअल फंड आदि का नियमन करती है जिसमें उक्त सभी संस्थाओं को सेबी के नियमों का पालन अनिवार्यत: करना होता है।

निर्णीत हर्जाना (Liquidated Damage)- किसी करार के अंतर्गत अलग से रखी गई एक निर्धारित राशि जो करार का उल्लंघन करने पर एक पार्टी द्वारा दूसरी पार्टी को अदा की जाए ।यही है वह “तीसरी शक्ति” जो दोनों पार्टियों को बांधे रखती है।

रक्षित पूंजी (Nest egg)- इससे तात्पर्य अलग से सहजकर रखी गई उस पूंजी से है जो भविष्य के बड़े खर्चों जैसे बच्चों की उच्च शिक्षा, उनके विवाह और सेवानिवृत्ति के बाद के जीवन-यापन के उपयोग के लिए हो।

राष्ट्रीय शेयर बाजार (National Stock exchange)- यह राष्ट्रव्यापी स्क्रीन-आधारित ट्रेडिंग नेटवर्क है जिसमें कंप्यूटर,सेटेलाइट लिंक और इलैक्ट्रॉनिक मीडिया का प्रयोग किया जाता है। इनके द्वारा पूरे भारतवर्ष में निवेशकों द्वारा प्रतिभूतियों में लेनदेन करना सुविधाजनक हो जाता है। मुंबई स्टाक एक्सचेंज भारत का सबसे पुराना स्टाक एक्सचेंज है। राष्ट्रीय

एक्सचेंज का मुख्यालय मुंबई के वर्ली में है। मुंबई स्टाक एक्सचेंज के 30 अत्यधिक संवेदनशील शेयरों के मूल्यसूचकांक को संवेदी सूचकांक कहते हैं।

रिकॉर्ड तारीख (Record date) - इससे अभिप्राय उस तारीख से है जब कंपनी बोनस शेयर, राइट शेयर या लाभांश की घोषणा करती है। इस तारीख से रजिस्टर बंद हो जाते हैं।। इस घोषित तारीख तक कंपनी के रजिस्टर में अंकित प्रतिभूति धारक ही वास्तव में धार कमाने जाते हैं और वे ही लाभांश आदि प्राप्त करने के पात्र होते हैं।

धन वापसी आदेश (Refund Order) - जब किसी शेयर आवेदन पत्र पर शेयर आबंटन की कार्रवाई नहीं होती तो कंपनी को आवेदन पत्र के साथ संपूर्ण रकम वापस करनी होती है। रकम वापसी केलिए कंपनी जो प्रपत्र भेजती है उसे रिफंड ऑर्डर कहा जाता है। रिफंड ऑर्डर चेक, ड्राफ्ट या बैंकर चेक के रूप में होता है तथा उसे जारीकर्ता बैंक की स्थानीय शाखा में सामान्यत: सममूल्य पर भुनाया जा सकता है।

धनी निवेशक (Deep pocketed investors) - इससे अभिप्राय ऐसे निवेशकों से है जिनके पास निवेश करने के लिए पर्याप्त धनराशि होती है और अनेक कंपनियां उन्हें अपने यहां निवेश करने के लिए न केवल तरह-तरह के प्रलोभन देती हैं बल्कि अपनी आर्थिक स्थिति सुधारने या उसे सुदृढ़ बनाने के लिए उन्हें आकर्षक प्रतिफल या बाजार में शेयरों का भाव खुलने से पूर्व ही मूल लागत पर ही शेयर प्रदान करने का आश्वासन भी देती हैं।

शेयर विभाजन (stock split) - जब कोई कंपनी अपने महंगे शेयर को छोटे निवेशकों के लिए वहनीय बनाने और उसे आकर्षक बनाने के लिए शेयरों का विभाजन करती है। अगर कोई कंपनी अपने शेयरों का विभाजन 2:1 में करती है तो उसका मतलब होता है कि शेयरों की संख्या दो गुनी कर दी गई है और उसका मूल्य आधा कर दिया गया है।

सर्किट फिल्टर (circuit filter) - शेयरों के भाव को एक निर्धारित सीमा के भीतर रखने या उनके उतार-चढ़ाव को मर्यादित करने के लिए शेयर बाजार द्वारा सर्किट फिल्टर का तरीका अपनाया जाता है। स्पष्ट शब्दों में कोई ऑपरेटर खिलाड़ी शेयरों के भाव के साथ कोई निरंकुश होकर छेड़खानी न कर सके, इसके लिए स्टॉक एक्सचेंज सर्किट फिल्टर के माध्यम से प्रत्येक स्क्रिप के उतार-चढ़ाव को अंकुश में रखने का प्रयास करता है। निवेशक स्क्रिपों पर लगी सर्किट फिल्टर को ध्यान में रखकर उस स्क्रिप के संबंध में अनुमान लगा सकते हैं।

संचयन (Accumulation) - संचयन बाजार में न्यूनतम कीमतों पर की जाने वाली खरीददारी की स्थिति को दर्शाता है। इसमें बड़े निवेशकों, बाजार के आंतरिक सहभागियों और नियंत्रकों द्वारा की जाने वाली खरीदारी शामिल है।

स्वच्छंद दर (Dirty float) – मुद्रा की मांग और आपूर्ति के अनुसार अपने आपको समायोजित करने वाली विनिमय दर ।

सीमित सुविधा वाला खाता (No frills account) - न्यूनतम जमा-राशि अथवा शून्य जमा-शेष से खोला जाने वाला खाता। गरीब एवं आर्थिक दृष्टि से कमजोर व पिछड़े हुए लोगों तक बैंकिंग सुविधाएं पहुंचाने के उद्देश्य से इस खाते की शुरूआत की गई ताकि गरीब व्यक्ति भी बिना किसी राशि अर्थात् जीरो बैलेंस रखते हुए बैंक में खाता खोल सके और ऋण-सुविधा का उपयोग कर सके। लेकिन इन खातों से सीमित सुविधाओं के साथ-साथ एक निश्चित राशि तक ही लेन देन किए जा सकते हैं।

श्रेणी /क्रम निर्धारण (rating) - कंपनी के वित्तीय परिणाम, कार्य परिणाम, ट्रैक रिकॉर्ड आदि के आधार पर कंपनी की प्रतिभूतियों या कंपनियों को श्रेणी (rating) प्रदान की जाती है, जो कंपनी की साख एवं पात्रता का स्तर दर्शाती है। कंपनी या संस्थाओं के अतिरिक्त देश को भी रेटिंग उपलब्ध

करायी जाती है। किसी देश की रेटिंग ऊंची और अच्छी होती है तो विश्व के अन्य देशों के निवेशक उक्त देश के उद्योग धंधों में निवेश करने के लिए प्रेरित होते हैं।

यूसीसी (Unique client code) - शेयर दलालों के पास अपना पंजीकरण कराने वाले प्रत्येक ग्राहक को एक कोड नंबर दिया जाता है। ब्रोकर के पास शेयरों के सौदे लिखवाते समय ग्राहकों को यह कोड नंबर बताना होता है।

वापसी आदेश (Refund Order) - यदि किसी शेयर आवेदन पत्र पर शेयरआवंटन की कार्यवाही नहीं होती तो कंपनी को आवेदन पत्र के साथ संपूर्ण रकम वापस करनी होती है। रकम वापसी के लिए कंपनी जो प्रपत्र भेजती है उसे रिफंड ऑर्डर कहा जाता है। रिफंड ऑर्डर चेक, ड्राफ्ट या बैंकर चेक के रूप में होता है तथा जारीकर्ता बैंक की स्थानीय शाखा में सामान्यत: सममूल्य पर भुनाए जाते हैं।

वायदा संहिता (Forward contract) - इससे अभिप्राय ऐसे लेनदेन से है जो स्वीकृत मूल्य पर किसी विशिष्ट पण्य की एक निर्दिष्ट मात्रा किसी भावी तारीख को विक्रेता को प्रदान करने और तदनुरूप क्रेता को स्वीकार करने के लिए बाध्य करता है।

वास्तविक प्रभावी विनिमय दर (Real effective exchange rate)- यह दर घरेलू मूल्यों का विदेशी मूल्यों से अनुपात है जिसकी माप घरेलू करेंसी में की जाती है। यह अंतरराष्ट्रीय बाजार में किसी देश की प्रतिस्पर्धात्मकता की माप करता है।

वायदा संहिता (Forward contract) - इससे अभिप्राय ऐसे लेनदेन से है जो स्वीकृत मूल्य पर किसी विशिष्ट पण्य की एक निर्दिष्ट मात्रा विक्रेता को किसी भावी तारीख को प्रदान करने और तदनुरूप क्रेता को उसे स्वीकार करने के लिए बाध्य करता है ।

वाणिज्यिक पत्र (Commercial paper)- वर्ष 1990 में संगठित इस संगठन का उपयोग गैर बैंकिंग वित्त कंपनियों एंव अखिल भारती वित्तीय संस्थानों के द्वारा वचन-पत्र (promissory notes) के रूप में किया जाता है।

वित्तीय समावेशन (Financial inclusion)- वित्तीय समावेशन से अभिप्राय है उन लोगों को बैंकिंग और वित्तीय सेवाओं के दायरे में लाना जो अभी तक इससे बाहर हैं अथवा अभी तक जिन्हें ये सेवाएं उपलब्ध नहीं हो सकी हैं। सुदूरवर्ती अथवा दूर-दराज के इलाकों में रहने वाले समाज के कमजोर वर्ग अथवा कम आय वाले लोगों को अपेक्षाकृत कम लागत पर बैंकिंग सेवाएं उपलब्ध करवाना वित्तीय समावेशन् का मूल लक्ष्य है।

विनिवेश (Disinvestment) – किसी भी व्यक्ति अथवा संस्था द्वारा नकदी प्राप्त करने के उद्देश्य से अपनी शेयरधारिता कम करने के लिए अपने शेयर बेच देने की प्रक्रिया विनिवेश कहलाती है। यह शब्द पिछले कुछ वर्षों से अपनी अर्थ व्यवस्था और बाजार में प्रचलित हुआ है। इन्वेस्टमेंट का अर्थ है निवेश करना जबकि डिसइन्वेस्टमेंट का मतलब है निवेश खाली करना। सरकारी अर्थात सार्वजनिक क्षेत्र की कंपनियों की स्थापना सरकार ने की होती है, जिससे उस कंपनी का संपूर्ण मालिकाना हक सरकार के पास ही रहता है। बदलते समय और उदारीकरण के वातावरण में निजीकरण का दायरा बढ़ता जा रहा है।

सरकार इन सार्वजनिक क्षेत्र की कंपनियों से अपना हिस्सा (निवेश) खाली करती है तो इसे डिसइन्वेस्टमेंट कहा जाता है। यह खाली किये जाने वाला हिस्सा सरकार सार्वजनिक जनता, निजी निवेशकों, बैंकों, संस्थाओं आदि को प्रस्तावित करती है। इस प्रकार धन एकत्रित करके सरकार उस रकम का उपयोग सामाजिक विकास के कार्यों में करती है। साथ ही सामान्य निवेशकों को सार्वजनिक क्षेत्र की इन कंपनियों में अपनी हिस्सेदारी लेने का अवसर मिलता है।

विवाचन, मध्यस्थता (Arbitration) - विवाचन का अर्थ है विवादों का निपटान। जब ब्रोकर और ब्रोकर के बीच या ब्रोकर और ग्राहक के बीच कोई विवाद हो जाता है तो इस प्रकार के विवाद को निपटाने के लिए मध्यस्थ की नियुक्ति की जाती है, जिसे आर्बिट्रेटर कहा जाता है और उसके निपटान की प्रक्रिया को विवाचन या आर्बिट्रेशन प्रोसेस कहा जाता है। शेयर बाजार में ऐसे विवादों के निपटान के लिए एक खास विभाग एक्सचेंज के नियमों एवं उपनियमों के तहत कार्य करता है। इस प्रकार के मामलों में विवाचक (arbitrator) की नियुक्ति एक्सचेंज के नियमों के अनुसार होती है और उसके द्वारा दिये गये निर्णय ब्रोकर और ग्राहकों पर लागू होते हैं। इस प्रक्रिया में विवाचक दोनों पक्षों को सुनने के बाद अपना निर्णय देता है।

विविधीकरण (Diversification**)** - विविध उद्योगों की कंपनियों के शेयरों में निवेश करना विविधीकरण कहलाता है। शेयर बाजार ही नहीं निवेश जगत में भी यह शब्द काफी महत्व रखता है। इसी प्रकार सारा निवेश एक शेयर में नहीं करना चाहिए बल्कि अलग-अलग शेयरों में करना चाहिए और इतना ही नहीं ये शेयर भी अलग-अलग उद्योगों से जुड़ी कंपनियों के होने चाहिए। ऐसा करने से निवेशकों की जोखिम घटती है।सारा निवेश किसी एक ही कंपनी के शेयरों में हो और दुर्भाग्यवश यदि उस कंपनी के साथ कुछ अनहोनी हो जाये तो निवेशकों का सारा निवेश नष्ट हो सकता है। ऐसा करने के बजाय विविध शेयरों में निवेश होने से विविधीकरण का लाभ मिलता है। जिसमें यदि किसी एक या दो कंपनियों के शेयर गिर भी जायें तो अन्य शेयरों में किया गया निवेश उसकी जोखिम को कम कर देता है। अलग-अलग उद्योगों के शेयर रखने के पीछे उद्देश्य यह है कि प्रायः किसी एक समय में सभी उद्योगों की कंपनी में मंदी का दौर नहीं रहता। एक उद्योग में मंदी होने पर दूसरे उद्योग की तेजी का लाभ मिल जाता है। हां, यह दूसरी बात है कि पूरे वित्त बाजार में ही भारी गिरावट का दौर न आ जाय। यहां यह भी उल्लेखनीय है कि निवेश का विविधीकरण मात्र

शेयरों तक ही सीमित नहीं रहना चाहिए। निवेशकों को मात्र शेयरों में निवेश करने से भी जोखिम होती है। भले ही उसने अनेक प्रकार के शेयरों में निवेश किया हो। पूरा शेयर बाजार ही मंदी की चपेट में आ जाय तो क्या हो? निवेशकों को अपने असेट का भी डाइवर्सिफिकेशन रखना चाहिए। जिसे दूसरे शब्दों में असेट एलोकेशन भी कहा जाता है। सरल शब्दों में कहा जाय तो निवेशकों को शेयरों के बाद सोना, चांदी, प्रापर्टी, बैंक या कार्पोरेट डिपॉजिट, बांड्स, सरकारी बचत योजनाओं इत्यादि में भी निवेश करना चाहिए। ऐसा करने से उसकी संपूर्ण जोखिम का विभाजन हो जाता है और वह अपने पूरे निवेश को खोने से बच सकता है।

शेयर विभाजन (Stock Split) - इसका अभिप्राय है कोई कंपनी अपने महंगे शेयर को छोटे निवेशकों के लिए वहनीय बनाने और उसे आकर्षक बनाने के लिए शेयरों का विभाजन करती है। अगर कोई कंपनी अपने शेयरों का विभाजन 2:1 में करती है तो उसका मतलब होता है कि शेयरों की संख्या दोगुनी कर दी गई है और उसका मूल्य आधा कर दिया गया है।

सुधार (Recovery) - निरंतर घटते हुए बाजार में गिरावट के रूक जाने और बाजार बढ़ने की स्थित दिखाई देने लगे तो इसे सुधार (recovery) कहा जाता है। बाजार एक साथ घटता ही रहे तो इसे मंदी गिना जाता है परंतु मंदी के कुछ दिनों के बाद बाजार में सुधार हो तो उसे रिकवरी कहते हैं। संक्षेप में गिरते हुए बाजार में सुधार होने पर रिकवरी कहा जाताहै।

सर्कुलर ट्रेडिंग (Circular trading) - जब शेयर बाजार में ऑपरेटरों का एक वर्ग अपने मनपसंद शेयर की आपस में ही खरीद-बिक्री करके उसके भाव को अपनी इच्छित दिशा में ले जाने का प्रयास करता है। इस समूह के लोग पहले से ही आपस में सांठ-गांठ कर लेते हैं और आपस में ही शेयरों को खरीद-बेचकर उस शेयर के प्रति बाजार में विशेष रूझान बनाने का प्रयास करते हैं। इस प्रकार की ट्रेडिंग को सर्कुलर ट्रेडिंग कहा जाता है। सामान्य निवेशकों के लिए यह खेल समझना कठिन जरूर है, परंतु निरंतर निरीक्षण

एवं अनुभव के आधार पर इस तरह के खेल को समझाया जा सकता है और उनके इस जाल से बचा जा सकता है। एक्सचेंज का निगरानी (survellience) विभाग भी ऐसे सौदों पर विशेष ध्यान रखता है और ऐसे मामले सामने आने पर उन पर आवश्यक कानूनी कार्यवाही भी करता है।

पुन: सूचीबद्ध करना (Relisting) - जब कोई कंपनी एक या अनेक कारणों से नियमों का उल्लंघन करने पर सूचीबद्ध शेयरों की सूची से बाहर निकाल दी जाती है तो उसके बाद वह कंपनी फिर से उन नियमों का पालन करके एक्सचेंज में अपने शेयर फिर से लिस्ट करवा लेती है। इस प्रकार दुबारा सूचीबद्ध हुई कंपनियों के लिए रिलिस्टिंग शब्द का प्रयोग होता है। निवेशकों के लिए यह खुशी की बात होती है क्योंकि जिस कंपनी के शेयर मात्र कागज के टुकड़े रह गये थे उनमें फिर से प्रवाहिता आ जाती है, उन्हें खरीदा-बेचा जा सकता है।

पुनर्गठन (restructuring) - जब कोई संस्था या कंपनी किन्हीं खास उद्देश्यों के साथ अपने घाटे में कमी लाने या लाभदायिकता बढ़ाने के प्रयास स्वरूप जो कुछ फेरबदल करती है उसे पुनर्गठन कहा जाता है। इसका मुख्य उद्देश्य संबंधित कंपनी या संस्था की स्थिति सुधारना होता है।

रक्षित क्रय-विक्रय (covered call) - इससे अभिप्राय शेयर बाजार में ऑप्शन (options) की उस रणनीति से है जिसमें प्रतिभूति विक्रेता के पास रहती है और दूसरी ओर निवेशक किसी प्रतिभूति को खरीद कर एवं उसी प्रतिभूति के लिए कॉल बेचकर रक्षित क्रय -विक्रय रणनीति अपनाता है।

रुग्ण कंपनी/संस्था (sick company/institution)- कंपनी अधिनियम के अनुसार जिस कंपनी की निवल मालियत (net worth) समाप्त हो गयी हो। दूसरे शब्दों में जिस कंपनी या संस्था का संचित घाटा बढ़कर उसकी नेटवर्थ से अधिक हो गया हो तो उसे "रुग्ण "कंपनी या संस्था कहा जाता है। रुग्ण कंपनी को बीआईएफआर (Board for Industrial & Financial

Reconstructions) में सूचीबद्ध कराना होता है। इस बोर्ड द्वारा कंपनी की स्थिति की जांच की जाती है और अपेक्षित मानदंड पूरे न होने की स्थिति में उन्हें बंद (wind up) भी किया जा सकता है। निवेशकों के लिए अपेक्षित है कि वे ऐसी कंपनियों की स्थिति का जायजा लेते रहें।

विदेशी संस्थागत निवेशक (Foreign institutional investor,FII) : इससे अभिप्राय है - विभिन देशों के संस्थागत निवेशक। वर्ष 1992 से वित्तीय क्षेत्र में उदारीकरण प्रारंभ होने के पश्चात विदेशी संस्थागत निवेशकों को भारतीय प्रतिभूतियों में निवेश की अनुमति दी गई है। शेयर बाजार में प्रतिदिन बहुलता से उपयोग किये जाने वाला यह शब्द बाजार की चाल का मजबूत आधार माना जाता है। ये विश्व के अनेक शेयर बाजारों में परिस्थितियों पर नजर रखते हुए निवेश करते रहते हैं। यह वर्ग बड़े रूप में पूरे विश्व में फैला हुआ है और इन्हें प्रोफेशनल इन्वेस्टर माना जाता है। इतना ही नहीं इनके पास निवेश के लिए भारी फंड भी उपलब्ध होता है। एफआईआई को भारत में निवेश करने के लिए भारतीय प्रतिभूति एवं विनिमय बोर्ड से अनुमति प्राप्त करनी पड़ती है।

संस्थागत निवेशक अंतरराष्ट्रीय स्तर पर होते हैं। ये अपने स्वयं के देश के लोगों से बड़ी मात्रा में निवेश के लिए धन एकत्रित करते हैं और उनका अनेक देशों के शेयर बाजार में निवेश करते हैं। इन संस्थागत निवेशकों के ग्राहकों की सूची में सामान्य निवेश से लेकर बड़े निवेशक -विदेशी व्यावसायिक बैंक, निवेश बैंक, म्युचुयल फंड, पेंशन कोष जैसी निवेशक संस्थाएँ शामिल होती हैं, जिनका एकत्रित धन एफआईआई अपनी व्यूहरचना के अनुसार विविध शेयर बाजारों की प्रतिभूतियों में निवेश करके उस पर लाभ कमाते हैं और उसका हिस्सा अपने ग्राहकों को पहुंचाते हैं। चूंकि इन लोगों के पास धन काफी विशाल मात्रा में होता है और प्रायः ये भारी मात्रा में ही लेनदेन करते हैं जिससे शेयर बाजार की चाल पर सीधा प्रभाव पड़ता है। भारत में तो अभी उनका ऐसा वर्चस्व है कि लगता

है शेयर बाजार को वे ही चलाते हैं। शेयर, बांड आदि में स्टॉक एक्सचेंज के माध्यम से इनके निवेश का देश की आर्थिक व्यापारिक परिस्थितियों पर गहन प्रभाव पड़ता है।

विभाजन (Butterfly) - विभाजन से अभिप्राय उस स्थिति से है जब कोई कंपनी या संस्था अपने दो यूनिटों का विभाजन दो अलग-अलग कंपनियों के रूप में कर देती है और दोनों कंपनियों के नाम अलग अलग होने से मूल कंपनी शेयर धारकों द्वारा धारित प्रत्येक शेयर के प्रति उन दोनों अलग-अलग कंपनियों के दो भिन्न-भिन्न शेयर जारी करती है। शेयर धारकों को इससे कोई नुकसान नहीं होता। बाद में उन दोनों कंपनियों की बाजार में उनकी साख और कारोबार की स्थिति के आधार पर शेयरों के मूल्य में घट-बढ़ होती रहती है।

❑

अध्याय-7

पारिभाषिक शब्दावली (Terms Glossary)

Accommodation bill (निभाव बिल) – बिना किसी प्रतिफल के एक प्रकार का विनिमय-पत्र। स्पष्ट शब्दों में निभाव बिल वह बिल है जिसमें मूल्य के विनिमय का उल्लेख नहीं किया जाता, किंतु एक व्यक्ति इसे आहरित करता है और दूसरा बिना प्रतिफल के इसलिए स्वीकार करता है ताकि आहरणकर्ता बिल को भुनाकर धन प्राप्त कर सके। इस बिल को स्वीकार करने का प्रयोजन उस आहरणकर्ता को समायोजित करने का होता जिसे स्थायी तौर पर धनराशि की आवश्यकता होती है।

Adjustment account (समायोजन खाता) - इस खाते का परिचालन बैंक खाता बंदी के समय लाभ और हानि खाता के समेकन के लिए किया जाता है। उपचित लेकिन प्राप्त नहीं आय को प्रतिपक्षी नाम में प्रावधानित संबंधित राशि को इस खाते में जमा किया जाता है तथा अग्रिम रूप से प्राप्त आय, यदि कोई हो ,को इस खाते में प्रतिपक्षी जमा द्वारा नामे डाला जाता है।

Annuity (वार्षिकी) - एक निश्चित अवधि तक नियमित अंतरालों पर निर्धारित राशि के किए गए भुगतानों की संख्या।

Anti-money laundering (धन-शोधन निवारण) - इसका अभिप्राय है- काले धन को सफेद बनाने अथवा अवैध धन को वैध बनाने,उसे कानूनी रूप देने से संबंधित गतिविधियों पर रोक लगाना।

Acid test ratio (साख निर्धारण अनुपात) - इससे अभिप्राय उस अनुपात से है जो त्वरित आस्तियों के कुल जोड़ को कुल चालू देयताओं से विभाजित

करने पर प्राप्त होता है। इसके माध्यम से किसी भी कंपनी या संस्था की वित्तीय स्थित का सहज ही अनुमान लगाया जा सकता है। किसी भी कंपनी का 1:1 का अनुपात उसकी सुदृढ़ वित्तीय स्थिति का परिचायक है।

Antedated Cheque (पूर्वदिनांकित चेक) - इससे अभिप्राय उस चेक से है जिस पर निष्पादन से पहले की तारीख निर्दिष्ट हो। छह महीने या उससे अवधि का पूर्वदिनांकित चेक "गतावधि"(stale) चेक माना जाता है और बैंकर द्वारा बिना भुगतान किए लौटा दिया जाता है ताकि धारक आहर्ता से उस चेक की पुष्टि करवाकर उसे पुन: प्रस्तुत कर सके।

Asset (आस्ति या परिसंपत्ति) - कोई भी ऐसी संपत्ति या अधिकार जो स्वाधिकृत है और जिसका मूर्त मूल्य है,आस्ति कहलाती है। यह दो प्रकार की हो सकती है-अचल आस्तियां यथा भूमि और भवन तथा चालू आस्तियां यथा कच्चा माल।

At par (सममूल्य पर) - ऐसा व्यापारिक लेन-देन जिसमें किसी प्रकार का कोई अतिरिक्त मूल्य न देना पड़े।

At premium (अधिमूल्य पर) - जब कोई व्यापारिक लेन-देन अतिरिक्त मूल्य लेकर किया जाए तो उसे अधिमूल्य पर कहा जाता है। जब कोई प्रतिभूति बाजार में अंकित मूल्य से अधिक मूल्य पर बिकती है तो उसे अधिमूल्य पर कहा जाएगा।

Authorised dealer (प्राधिकृत व्यापारी) - इसका आशय उस बैंकर या फर्म से है जिसे विदेशी मुद्रा प्रबंध अधिनियम (FEMA) के अंतर्गत विदेशी मुद्रा से संबंधित सभी कार्य करने के लिए प्राधिकृत किया गया हो।

Baby bond (अल्पराशि बांड) - ऐसे बांड जो कम मूल्यवर्ग के होते हैं और छोटे निवेशकों द्वारा आसानी से खरीदे जा सकते हैं।

Bad debt (अशोध्य ऋण) - इससे अभिप्राय ऋणी के स्तर पर देय ऐसे ऋण से है जो वसूला न जा सकता हो। ऋणी के दिवालिया घोषित होने या व्यवसाय में विफल इत्यादि होने पर यह स्थिति हो सकती है।

Balance of payments (भुगतान-शेष) - किसी निर्दिष्ट समयावधि सामान्यत: एक वर्ष के भीतर किसी देश के अंतर्राष्ट्रीय स्तर पर दूसरे देशों के साथ किए गए समस्त आर्थिक लेन –देन का विस्तृत ब्योरा दर्शाने वाला विवरण।

Balance sheet (तुलन-पत्र) - एक निर्दिष्ट तारीख को और एक निश्चित फॉर्मेट में किसी प्रतिष्ठान की वित्तीय स्थिति दर्शाने वाला विवरण जिसमें उसकी परिसंपत्तियों, देयताओं और शेयरधारकों की धनराशि का ब्योरा होता है।

Balloon loan (अंतिम बड़ी किस्त वाला ऋण) - इससे अभिप्राय उस दीर्घकालीन ऋण की निर्धारित किस्तों से है जिसकी अंतिम किस्त की राशि बहुत अधिक होती है और ऋणी को एकमुश्त रूप में ही उसका भुगतान करना होता है ।राशि अधिक होने के कारण ऋणी कई बार ऋण की चुकौती समय पर नहीं कर पाता और इस प्रकार ऋण की उस बड़ी किस्त की वसूली में जोखिम की स्थिति बनी रहती है।

Bank rate (बैंक दर) - ब्याज की वह दर जिस पर भारतीय रिजर्व बैंक बैंकों और वित्तीय संस्थाओं को वित्तीय सहायता प्रदान करता है। यह वित्तीय सहायता विशिष्ट आस्तियों (यथा खजाना बिल और दिनांकित प्रतिभूतियों) अथवा वचन-पत्रों पर बिल पुनर्भुनाई सुविधा और अग्रिमों अथवा पुनर्वित्त के रूप में उपलब्ध करवाई जाती है।

Base rate(आधार दर) - आधार दर से अभिप्राय उस मूलभूत दर से है जिसके आधार पर किसी बैंक अथवा वित्तीय संस्थान को ऋण प्रदान किए जाते समय उसकी उधार एवं ब्याज दरें निर्धारित की जाती हैं।

Basis point (आधार अंक) - इस का प्रयोग सामान्यत: अंतर्राष्ट्रीय वित्तीय बाजार के संदर्भ में किया जाता है। एक आधार अंक एक प्रतिशत का 1/100 वां भाग अर्थात 0.0001 है। एक सौ आधार बिंदु एक प्रतिशत के बराबर होते हैं।

Bid to cover ratio (बोली रक्षा अनुपात) - इससे अभिप्राय उस अनुपात से है जो शेयर बाजार में किसी भी शेयर के लिए लगाई गई बोलियों की उसके लिए स्वीकृत बोलियों से भाग देने पर निकलता है।

Bill of exchange (विनिमय पत्र) - यह एक ऐसा क्रेडिट लिखत (credit instrument) है जिसके निष्पादक ने हस्ताक्षर करते हुए बिना किसी शर्त के किसी निर्धारित व्यक्ति को इस आशय का आदेश दिया हो कि वह किसी अन्य निर्धारित व्यक्ति को या उस अन्य निर्धारित व्यक्ति के आदेश पर किसी और को या लिखत के वाहक को एक निर्धारित राशि का भुगतान करे।

Bill of lading (लदान-पत्र) - यह विदेशी व्यापार में प्रयुक्त होनेवाला प्रमुख एवं महत्वपूर्ण दस्तावेज है। जहाज द्वारा माल प्रेषण पर जहाजी बिल्टी प्राप्त करनी होती है। यह रेलवे रसीद की तरह का ही प्रलेख होता है जो जहाज के मालिक अथवा किसी विधिवत प्राधिकारी द्वारा जारी किया जाता है। इस दस्तावेज में जहाज पर ले जाए जाने वाले माल के पूरे विवरण सहित निर्धारित भाड़ा चुकाए जाने पर माल की सुपुर्दगी का वचन भी दिया गया होता है। साथ ही इसमें लदान के लिए माल प्राप्त होने की सूचना के साथ-साथ लदान की बंदरगाह और गंतव्य स्थान भी निर्दिष्ट होता है।

Blue chip (ब्लू चिप) - इससे अभिप्राय ऐसी कंपनी के शेयर से है जो वित्तीय दृष्टि से तो सुदृढ़ है ही, साथ ही जिसका आमदनी और लाभांश का प्रभावी रिकॉर्ड रहा है और जो अपने सक्षम प्रबंधन, गुणवत्तापूर्ण उत्पादों

और /अथवा सेवाओं के लिए प्रतिष्ठित है उदाहरणार्थ- हिंदुस्तान यूनी लीवर इत्यादि।

Break even point (लाभ-अलाभ स्थिति) - यह कीमत का वह स्तर अथवा वह बिंदु है जहां आय व्यय के बराबर या दूसरे शब्दों में व्यय आय के बराबर रहता है। अत: लाभ-अलाभ की स्थिति अथवा मात्रा का अनुमान निर्धारित लागत को प्रति यूनिट विक्रय मूल्य और प्रति यूनिट परिवर्ती लागत के बीच के अंतर से भाग देने पर प्राप्त होता है।

Bridge loan (तात्कालिक ऋण) - किसी उधारकर्ता को अस्थायी धनराशि की कमी को पूरा करने करने के लिए दिया गया अल्पकालिक ऋण। किसी परियोजना की कुल ऋण- राशि के अधिकतम 90 प्रतिशत तक की राशि तात्कालिक ऋण के रूप में उपलब्ध कराई जा सकती है। जब कोई कंपनी अपनी पूंजी के विस्तार के लिए अपने नए शेयर व डिबेंचर्स जारी करती है। कंपनी को इस दौरान पूंजी जुटाने में काफी समय लगता है। इस दौरान धन की कमी पूरी करने के लिए कंपनी बैंको से अल्पअवधि ऋण लेती हैं जिन्हें तात्कालिक ऋण कहते हैं। इस ऋण पर संबंधित ऋण की सामान्य ब्याज-दर से कुछ अधिक ब्याज लिया जाता है।

Budgetary account (बजट लेखा-जोखा) - वित्त वर्ष के दौरान सरकार द्वारा विभिन्न करों से प्राप्त राजस्व और खर्च के आकलन को बजट लेखा-जोखा कहा जाता है और इन्हीं आकलनों तथा मौजूदा आर्थिक परिस्थिति के मद्देनजर इनके वास्तविक आंकड़ों के बीच का अंतर संशोधित लेखा-जोखा कहलाता है जिसका उल्लेख आने वाले बजट में किया जाता है।

Business intelligence (कारोबार आसूचना) - जब भी किसी व्यक्ति को कोई कारोबार आरंभ करने के लिए ऋण की आवश्यकता होती है तो उधारकर्ता को ऋण स्वीकृत करने से पूर्व उसके कारोबार से संबंधित

व्यापक सूचना प्राप्त करने और साथ ही बाजार में उसकी साख की स्थिति जानने को कारोबार आसूचना कहा जाता है।

Buy down (एकबारगी भुगतान) - इससे अभिप्राय एकबारगी किए गए उस भुगतान से है जो ऋण राशि चुकाने के लिए कुछ या सभी उधारकर्ताओं की चुकौती-राशि की अवधि घटाने के लिए किसी उधारकर्ता द्वारा एक बारगी भुगतान किया जाए।

Call money (मांग मुद्रा) - इसका प्रयोग बैंकों द्वारा मूलत: रात्रि भर के प्रयोग के लिए धनराशि उधार लेने अथवा उधार देने के लिए किया जाता है जिससे वे अपनी प्रारक्षित निधि संबंधी अपेक्षाओं अथवा धनराशि में अचानक आई कमी को पूरा करने के लिए इसका प्रयोग कर सकें।

Capital adequacy ratio (पूंजी पर्याप्तता अनुपात) - यह निवेश और ऋणों में होने वाले संभावित नुकसान या जोखिम से बचाव के लिए किसी भी बैंक द्वारा की जाने वाली पूंजीगत व्यवस्था है।स्पष्ट शब्दों में इससे अभिप्राय है कि किसी भी बैंक को जोखिम भारित परिसंपत्तियों के प्रत्येक रु. 100/- के लिए रु. 'क" (एक निश्चित राशि) पूंजी रूप में अवश्य रखनी चाहिए। पूंजी को टियर I या टियर II में वर्गीकृत किया जाता है। टियर I में शेयर पूंजी और प्रकट प्रारक्षित निधि शामिल है और टियर II में पुनर्मूल्यांकन संबंधी प्रारक्षित निधि, संमिश्र पूंजी और गौण ऋण शामिल हैं।

Cash cow (लाभप्रद कारोबार) - इससे अभिप्राय ऐसे लाभप्रद कारोबार से है जिसमें इसके उत्पाद की निश्चित मांग और /अथवा प्रसिद्धि के कारण नियमित नकदी प्रवाह बना रहता है।

Capital receipt and expenditure (पूंजीगत प्राप्ति एवं व्यय) - सरकार द्वारा बाजार से लिया गया ऋण, भारतीय रिजर्व बैंक से ली गई उधारी और विनिवेश के जरिये प्राप्त आमदनी पूंजीगत प्राप्ति तथा

अधिग्रहीत विभिन्न संपत्तियों पर हुआ खर्च पूंजीगत व्यय के अंतर्गत आता है।

Cash reserve ratio (आरक्षित नकदी निधि अनुपात) - यह एक विधिक अपेक्षा है जिसके तहत भारतीय रिजर्व बैंक अधिनियम 1934 की धारा 42 (1) के अंतर्गत प्रत्येक अनुसूचित बैंक के लिए यह अपेक्षित है कि वह भारतीय रिजर्व बैंक के खाते में जमा शेष के रूप में औसतन दैनिक अतिशेष रखे। यह राशि किसी भी बैंक की निवल मांग और सावधि देयताओं के एक निर्धारित प्रतिशत से कम नहीं होगी। इस राशि पर भारतीय रिजर्व बैंक द्वारा कोई ब्याज नहीं दिया जाता। इसका उद्देश्य यह सुनिश्चित करना है कि बैंकों के पास निधियों से संबंधित किसी भी भाग को पूरा करने के लिए पर्याप्त नकदी हो और साथ ही मौद्रिक नीति के प्रमुख उपाय के रूप में भी इसका प्रयोग भारतीय रिजर्व बैंक द्वारा किया जाता है और इसीलिए समय-समय पर इस अनुपात में घट-बढ़ की जाती है। इसे आरक्षित नकदी निधि अनुपात इसलिए कहते हैं कि अगर किसी भी मौके पर एक साथ बहुत बड़ी संख्या में जमाकर्ता अपना पैसा निकालने आ जाएं तो बैंक चूक न कर सके। भारतीय रिजर्व बैंक जब ब्याज दरों में बदलाव किए बिना बाजार से तरलता कम करना चाहता है, तो वह सीआरआर बढ़ा देता है। इससे बैंकों के पास बाजार में कर्ज देने के लिए कम रकम बचती है। इसके विपरीत सीआरआर को घटाने से बाजार में मनी सप्लाई बढ़ जाती है। लेकिन रीपो और रिवर्स रीपो दरों में कोई बदलाव नहीं किए जाने से निधि लागत (cost of fund) पर कोई असर नहीं पड़ता। रीपो और रिवर्स रीपो दरें रिजर्व बैंक के हाथ में नकदी की सप्लाई को तुरंत प्रभावित करने वाले हथियार माने जाते हैं, जबकि सीआरआर से नकदी की सप्लाई पर तुलनात्मक तौर पर ज्यादा समय में असर पड़ता है। सभी बैंकों को कुल जमा का 3 सें 15 प्रतिशत आरक्षित नकदी निधि अनुपात के रूप में भारतीय रिजर्व बैंक के पास नकद जमा रखना पड़ता है।

Central bank (केंद्रीय बैंक) - किसी भी देश का प्रीमियर बैंक जो मुद्रा जारी करने, मूल्यस्थिरता और आर्थिक विकास सुनिश्चित करने के लिए उपयुक्त उपायों द्वारा मुद्रा आपूर्ति का प्रबंध करने,देश की मुद्रा का विनिमय मूल्य बनाए रखने, वाणिज्य बैंकों का पर्यवेक्षण और नियमन करने इत्यादि दायित्वों का निर्वाह करता है। भारत में भारतीय रिजर्व बैंक देश का केंद्रीय बैंक है अत: वह उपर्युक्त सभी जिम्मेदारियां निभाने के साथ-साथ केंद्र और राज्य सरकारों के बैंकर के रूप में भी कार्य करता है। यह सरकार द्वारा आधिकारिक रूप से नियुक्त बैंक होता है।

Charter party (चार्टर पार्टी) - यह एक प्रकार का अनुबंध है जो निर्यातक एवं जहाजी कंपनी के मध्य किया जाता है । इसके अंतर्गत कंपनी किसी निर्दिष्ट जहाज पर निर्यातक के माल के अतिरिक्त किसी अन्य का माल नहीं ले जा सकती है। इस प्रकार पूरे जहाज को किसी यात्रा विशेष के लिए निर्यातक द्वारा ठेके अथवा करार पर ले लिया जाता है और इस संबंध में जो वचन-पत्र दिया जाता है,उसे ही चार्टर पार्टी या जहाजी प्रसंविदा प्रपत्र के नाम से जाना जाता है।

Cheque truncation System (चेक ट्रंकेशन प्रणाली) – चेक के महत्वपूर्ण अंशों का इलेक्ट्रॉनिक प्रेषण चेक ट्रंकेशन कहलता है। इस प्रणाली में वसूलीकर्ता बैंक के स्तर पर चैक के भौतिक आवागमन को रोकना और भौतिक रूप से लिखत के स्थान पर इस पूरी प्रक्रिया के दौरान माईकर लाइन में उपलब्ध डाटा एवं लिखत की छवि (इमेज) का प्रयोग किया जाता है। परक्राम्य प्रपत्र अधिनियम 1881 में वर्ष 2002 के दौरान संशोधन हुआ जिसमें भौतिक रूप से लिखित प्रस्तुति का स्थान इलैक्ट्रॉनिक छवि ने ले लिया। रिजर्व बैंक के निदेशानुसार चेक ट्रंकेशन प्रणाली फरवरी 2008 से दिल्ली समाशोधन गृह में प्रारंभ हुई। शुरुआत में केवल 10 बैंकों ने इसमें भाग लिया और बाद में धीरे-धीरे सभी बैंक इसमें सम्मलित हो गए। जुलाई 2009 से दिल्ली समाशोधन गृह में माइकर क्लीयरिंग बंद हो

चुकी है। चूंकि इस प्रणाली के अंतर्गत आहर्ता बैंक को भौतिक रूप से चैक प्राप्त नहीं होते और भुगतान प्रक्रिया छवि के आधार पर की जाती है अत: सुरक्षा सुनिश्चित करने की दृष्टि से आहर्ता बैंक का यह दायित्व है कि वह ट्रंकेट किए जाने वाले चैक की वास्तविकता की प्रथम दृष्टि में जांच करें कि सद्भावनापूर्ण तथा बिना किसी उपेक्षा एवं सामान्य सावधानी से लिखित को देखने पर।

Chinese wall (चीनी दीवार) - इससे अभिप्राय शेयर का कारोबार करने वाली किसी भी कंपनी द्वारा अपने आंतरिक कामकाज का इस तरह विभाजन है ताकि आम आदमी तक उसकी पहुंच न हो सके और वह उसका दुरुपयोग न कर सके।

Clean loan (बेजमानती ऋण) - जब ऋण देते समय ऋणकर्ता से कोई जमानत न ली गई हो अथवा उसके बदले में उसे कोई प्रतिभूति जमा करने के लिए न कहा गया हो। जमानत के बिना अथवा प्रतिभूतिरहित होने के कारण इस प्रकार के ऋण को बेजमानती ऋण कहा जाता है।

Clearing house (समाशोधन गृह) - जिस व्यवस्था के अंतर्गत बैंक प्रतिदिन एक दूसरे को देय शुद्ध राशियों का निपटान करते हैं, समाशोधन गृह कहलाता है। देय शुद्ध राशियों का भुगतान करने के कारण ही किसी भी बैंक द्वारा प्रस्तुत सभी चेकों का अलग-अलग भुगतान न करके इसमें केवल देय चेकों की राशि के अंतर का ही भुगतान दिया अथवा लिया जाता है।

Cloud computing (क्लाउड कंप्यूटिंग) - इससे अभिप्राय एक प्रकार के इंटरनेट (क्लाउड) पर आधारित विस्तार से है। यह कंपनी के सूचना प्रौद्योगिकी विभाग के ग्राहकों तथा व्यापारिक साझेदारों को "क्लाउड" प्रदान करके अपने खर्च में कटौती कर सकती है। दूसरे शब्दों में इस परिकल्पना में ग्राहक किसी भौतिक व्यवस्था का स्वामी नहीं होता बल्कि वह किसी तीसरे पक्ष को यह सेवा किराए पर देकर लाभ उठा सकता है।

वह विभिन्न स्रोतों का उपयोग किए गए भाग का ही भुगतान करता है। सेवा दर का आकलन कई बार पारंपरिक सेवाओं जैसे बिजली के बिल के अनुसार होता है जबकि अन्य में वार्षिक दर से शुल्क लिया जाता है। इस तरह एप्लीकेशन डेवलपमेंट की चाल को बढ़ाने के साथ-साथ सर्वर का खाली समय का उपयोग करके उसका सर्वोत्तम उपभोग किया जा सकता है।

Client computing (क्लाइंट कंप्यूटिंग) - क्लाइंट (कंप्यूटिंग) का अभिप्राय है-नेटवर्क के माध्यम से किसी अन्य जगह पर स्थित सर्वर की सेवाओं का उपयोग करनेवाला कंप्यूटर। इसमें यूजर विभिन्न प्रोटोकॉल सूट का प्रयोग करके सर्वर से जुड़ जाता है। इसमें वेब ब्राउजर क्लाइंट की भूमिका निभाते हैं जिसमें वे बेव सर्वर से जुड़कर वेब पेज प्रदर्शित करते हैं। इसके अन्य उदाहरण ऑनलाइन चैटिंग (बातचीत), ई-मेल, एक्सेस आदि हैं। आजकल बड़ी क्लाइंट एप्लीकेशन वेबसाइट में परिवर्तित हो रही है जिसमें वेब ब्राउजर एक तरह का सर्वसम्मत क्लाइंट होता है। अत: किसी एप्लिकेशन का उपयोग करने से पहले उसे अपने कंप्यूटर पर डाउनलोड करने की आवश्यकता नहीं होती।

Collateral (संपार्श्विक) - ऐसी परिसंपत्ति जो किसी भी प्रकार के ऋण के लिए प्रतिभूति का कार्य करती है।

Commercial paper (वाणिज्यिक पत्र) - वर्ष 1990में संगठित इस संगठन का उपयोग गैर बैंकिंग वित्त कंपनियों एंव अखिल भारतीय वित्तीय संस्थानों के द्वारा वचन-पत्र (promissory note) के रूप में किया जाता है। वाणिज्यिक पत्र मुद्रा बाजार के लिखत होते हैं और प्राय: 90 दिन के लिए जारी किए जाते हैं। ये एक निश्चित राशि की अल्पावधि भुगतान की वचनबद्धता के परिचायक हैं।

Commission account (कमीशन लेखा) - वर्षभर की प्रतिभूतियों के क्रय-विक्रय,सुरक्षित अभिरक्षा प्रभार,लोक लेखा कार्यालय द्वारा प्राप्त नवीकरण शुल्क आदि द्वारा उपार्जित कमीशनों को इस लेखे में जमा किया जाता है। बैंक के लेखा वर्ष अर्थात 30 जून की समाप्ति पर बकाया राशि लाभ और हानि खाते को अंतरित की जाती है।

Confirmed letter of credit (पुष्टिकृत साखपत्र) - पुष्टिकृत साख पत्र से आशय उस साख पत्र से है जिसमें साख पत्र खोलने वाला बैंक निर्यातक देश के संबंधित बैंक से पुष्टिकृत साखपत्र पर अपनी पुष्टि देने का अनुरोध करता है और वह बैंक उसका अनुरोध स्वीकार कर अपनी पुष्टि दे देता है। पुष्टिकृत साखपत्र हिताधिकारी को पूर्ण सुरक्षा प्रदान करता है।

Contigency fund (आकस्मिकता निधि) - यह वह निधि है जिसमें से जरूरत पड़ने पर आकस्मिक खर्चों के लिए संसद की स्वीकृति के बिना भी राशि निकाली जा सके।

Contingent liabilities (आकस्मिक देयताएं) - ऐसी देयताएं जो भविष्य में कोई घटना घटित होने के परिणामस्वरूप सामने आती हैं, उदाहरणार्थ किसी अनिर्णीत मुकदमे पर दिए गए न्यायालय के निर्णय से किसी कंपनी को वित्तीय भुगतान की देयता का सामना करना पड़ सकता है।

Control self assessment audit (नियंत्रण स्व-मूल्यांकन लेखा-परीक्षा) - "शर्मा कार्यकारी दल" की सिफारिशों के परिणामस्वरूप सीएसएए को जुलाई1999 में प्रारंभ किया गया। इसका उद्देश्य है- विभागों द्वारा नियमित रूप से स्वस्थता की जांच तथा कमियों का मूल्यांकन सुनिश्चित करवाना ताकि समयबद्ध समीक्षाएं सुनिश्चित हो सके तथा यथाशीघ्र सुधारक कार्रवाई की जा सके। इस लेखा परीक्षा द्वारा प्रत्येक कार्यालय/विभाग के जोखिमभारित क्षेत्रों पर विशिष्ट ध्यान दिया जाता है।

Conveyance deed (हस्तांतरण विलेख) **–** इससे अभिप्राय एक ऐसे लिखित विवरण से है जिसके द्वारा किसी व्यक्ति या संस्था के नम पर पर स्थित संपत्ति को किसी अन्य व्यक्ति या संस्था के नाम में अंतरित कर दिया जाता है।

Core banking (कोर बैंकिंग) - इस केंद्रीकृत व्यवस्था के अंतर्गत ग्राहक किसी एक शाखा-विशेष से संबंधित न रहकर पूरे बैंक का ग्राहक हो जाता है और वह बैंक की किसी भी शाखा में जाकर पैसे जमा कर सकता है, निकाल सकता है और अन्य बैंकिंग लेनदेन कर सकता है।

Coupan rate (कूपन-दर) - इससे अभिप्राय प्रतिभूतियों (securities) पर देय ब्याज की दर से है। प्रतिभूतियों की परिपक्वता-अवधि पर कूपन दर निर्भर करती है। अल्पावधि वाली प्रतिभूतियों पर निम्न कूपन दर होती है जबकि दीर्घावधि वाली प्रतिभूतियों पर उच्च कूपन दर लागू होती है।

Credit card (क्रेडिट कार्ड) - एक ऐसा प्लास्टिक कार्ड जो बैंक या अन्य किसी वित्तीय संस्था द्वारा इसके खाताधारकों को जारी किया जाता है। यह धारक को न केवल माल व सेवाएं खरीदने का अधिकार देता है बल्कि निर्दिष्ट (specified) प्रतिष्ठानों से त्वरित उधार लेने का अधिकार भी प्रदान करता है।

Creeping Inflation (रेंगती हुई मुद्रास्फीति**) -** यह वह स्थिति है जब अर्थव्यवस्था में मूल्यों में अत्यंत धीमी गति से वृद्धि होती है । मुद्रास्फीति का यह नर्म रूप है। अर्थशास्त्री इस श्रेणी में एक फीसदी से तीन फीसदी तक सालाना की वृद्धि को रखते हैं। यह स्फीति अर्थव्यवस्था को जड़ता से बचाती है।

Cumulative fund (संचित निधि**) -** सरकार को प्राप्त सभी राजस्व, बाजार से लिए गए ऋण और स्वीकृत ऋणों पर प्राप्त ब्याज संचित निधि में जमा होते हैं।

Cumulative deposit (संचयी जमा) - इससे अभिप्राय उस जमाराशि से है जिसमें जमाकर्ता को मासिक, छमाही अथवा वार्षिक रूप से ब्याज अदा नहीं किया जाता बल्कि उसे जमाराशि में ही जोड़ दिया जाता है और उस निर्धारित अवधि, जिसके लिए वह राशि जमा की गई है, उसके पूर्ण होने अर्थात परिपक्वता पर मूल राशि ब्याज सहित अदा की जाती है। इस प्रकार इसके अंतर्गत ब्याज पर भी ब्याज लगता जाता है जिसे चक्रवृद्धि ब्याज कहा जाता है।

Currency chest (मुद्रा तिजोरी) – बैंकों/राजकोष की नियुक्त शाखाओं में स्थित स्ट्राँग रुम (कोषकक्ष) ही मुद्रा तिजोरी कहलाती है। इसमें नए नोट, पुन: जारी करने योग्य नोट और गंदे नोटों का स्टॉक स्टोर किया जाता है। दूसरे शब्दों में मुद्रा तिजोरी निर्गम विभाग का विस्तार होती हैं। अत: मुद्रा तिजोरी में रखे जाते बैंक नोट और रुपए सिक्के निर्गम विभाग की संपत्ति होती हैं। मुद्रा तिजोरी खोलने का प्रमुख उद्देश्य है- जनता की मुद्रागत आवश्यकताओं की पूर्ति तथा अयोग्य नोटों को संचलन से हटाने के जरिए संचलन में रहने वाली मुद्रा की गुणवत्ता बनाए रखना। साथ ही एक मूल्यवर्ग के बदले दूसरे मूल्यवर्ग के विनिमय की सुविधा उपलब्ध कराना और सरकार /बैंक/ जनता के भुगतानों की व्यवस्था करने के साथ-साथ विप्रेषण सुविधाओं का परिचालन सुचारु रूप से करना। नोट वापसी नियमावली के अनुसार कटे-फटे और अन्य नोटों के विनिमय की व्यवस्था करना। यही नहीं, जब-तब एक जगह से दूसरे स्थान पर नकदी के वास्तविक अंतरण की आवश्यकता कम करने के साथ ही बैंकों/राजकोषों को स्वयं के न्यूनतम नकदी शेष से अपना कारोबार चलाने में सहायता प्रदान करने में भी मुद्रा तिजोरी की प्रमुख भूमिका है।

Current account deficit (चालू खाता घाटा) - किसी देश के चालू खाता घाटा से माल,वस्तुओं आदि के निर्यात की तुलना में आयात का अनुमान लगाया जा सकता है। यह आवश्यक नहीं है कि चालू खाता देश के

लिए नुकसानदेह ही सिद्ध हो। कई बार विकासशील देशों में स्थानीय उत्पादकता और फ्यूचर में निर्यात बढ़ाने के लिए अल्पकालीन चालू खाता घाटा हो सकता है लेकिन यदि लंबे समय तक चालू खाते घाटे की स्थिति बनी रहे तो देश की अर्थव्यवस्था बुरी तरह प्रभावित होती है। इसमें संविभाग निवेश, बाह्य वाणिज्यिक उधार, विदेशी प्रत्यक्ष उधार, अनिवासी जमा राशि शामिल होती हैं। चालू खाता घाटे के वित्तपोषण हेतु पर्याप्त संसाधन न होने पर स्थानीय मुद्रा का मूल्य भी प्रभावित होता है।

Current assets (चालू परिसंपत्तियां) - ऐसी परिसंपत्तियां जो किसी कारोबार अथवा व्यवसाय के "operating cycle" अथवा एक वर्ष की अवधि के दौरान बिक्री या नकदी में परिवर्तित करने के लिए रखी जाती हैं। चालू परिसंपत्तियों के अंतर्गत नकदी, अल्पकालीन निवेश विशेषत: मुद्रा बाजार प्रतिभूतियां, कच्चा माल, प्राप्य राशियां आदि शामिल हैं।

Current liabilities (चालू देयताएं)- कंपनी के खिलाफ किए गए दावे जो एक वर्ष की अवधि के भीतर देय हैं। इसमें वे देयताएं भी आती हैं जिनका चालू आस्तियों में से साल भर के भीतर ही नकदीकरण किया जाना अपेक्षित हो । चालू देयताओं के अंतर्गत देय बिल, वचन-पत्र, बैंक ओवरड्राफ्ट, एक वर्ष के भीतर देय कर और ऋण –चुकौतियां आदि शामिल हैं।

Current ratio (चालू अनुपात) - यह अनुपात किसी भी संस्था अथवा कंपनी की कुल चालू आस्तियों को कुल चालू देयताओं से विभाजित करने पर प्राप्त होता है।

Dark money (अवैध राशि) - इससे अभिप्राय उस राशि से है जो विदेश में रहकर ग़ैर-कानूनी ढंग से अर्जित की गई हो और उसे वैध बनाने के लिए विदेशी प्रत्यक्ष निवेश के रूप में देश में लाई गई हो। लेकिन इसी निवेश

राशि को पुन: देश से बाहर ले जाने की स्थिति में देश की अर्थव्यवस्था बुरी तरह प्रभावित होती है।

Dated securities (दिनांकित प्रतिभूतियां) - सरकार द्वारा जारी निश्चित परिपक्वता अवधि वाली दीर्घकालीन ऋण लिखतें (instruments)| हाल ही में इन प्रतिभूतियों की अधिकतम परिपक्वता अवधि घटाकर 10 वर्ष तक कर दी गई है।

Debenture (डिबेंचर) - कंपनियों द्वारा जारी ऋण प्रतिभूतियां जिनकी निश्चित परिपक्वता और निर्दिष्ट कूपन दर होती है। यद्यपि डिबेंचर धारक संपार्श्विक द्वारा संरक्षित नहीं होते फिर भी उनके पास पुनर्भुगतान प्राप्त करने का अधिकार रहता है।

Debt-Equity ratio (ऋण-इक्विटी अनुपात) - यह अनुपात कंपनी के कुल (अल्पकालीन और दीर्घकालीन) ऋण को कंपनी की निवल मालियत (Net worth) से भाग देने पर प्राप्त होता है। इस अनुपात का प्रयोग कंपनी के वित्तीय लाभ (Financial leverage) का विश्लेषण करने के लिए किया जाता है।

Debt service ratio (कर्ज-चुकौती-अनुपात) - इसका अभिप्राय किसी देश के निर्यातों की तुलना में कर्ज चुकौती-भुगतानों के अनुपात से है।

Dead stock account (जड़ वस्तु खाता) - इससे अभिप्राय उस खाते से है जिसके अंतर्गत रखे गए शेष, कार्यालय द्वारा मूल्यह्रास के बाद रखे गए भवन जुड़नार, कंप्यूटर आदि वस्तुओं के वर्तमान मूल्य हैं।

Deflation (मुद्रा-अपस्फीति) - किसी अर्थव्यवस्था में मूल्यों की गिरावट की स्थिति मुद्रा-अपस्फीति है। यह स्थिति मुद्रा आपूर्ति में संकुचन के कारण हो सकती है। इसमें वस्तुओं एवं सेवाओं की कीमतें कम होने लगती हैं तथा मुद्रा का मूल्य बढ़ता है।

Demand and time liabilities (मांग और मियादी देयताएं) - मांग देयताओं से अभिप्राय उन देयताओं से है जो मांग पर देय हैं और उन्हें अवश्य ही पूरा किया जाना चाहिए, यथा-ग्राहकों के चालू खाते में शेष। मियादी देयताओं से अभिप्राय उन जमाराशियों से हैं जो परिपक्वता पर देय हैं, यथा-समेकित जमा, अंतर बैंक जमा व अन्य देयताएं आदि।

Dematerialised account (अमूर्त खाता) -यह एक प्रकार का बैंक खाता है जहां रुपयों की जगह शेयर व बॉन्ड रखे जाते हैं। इस खाते में निवेशक के अनुरोध पर मूर्त रूप में मौजूद उनके शेयर प्रमाण-पत्रों को कंपनी वापिस ले लेती है और उनके स्थान पर समान संख्या में प्रतिभूतियां इलेक्ट्रॉनिक रूप में जमा कर दी जाती हैं।

Depository (निक्षेपागार) - प्रतिभूतियों की कम्प्यूटरीकृत बही-प्रविष्टि की प्रणाली। भारत में 8 नवंबर 1996 से प्रथम निक्षेपागार परिचालन शुरू किया गया। मुंबई स्टॉक बाजार ने कुछ बैंकों के सहयोग से केंद्रीय निक्षेपागार सेवाएं लि. (Central depository services Ltd.) प्रारंभ की। इस व्यवस्था के अंतर्गत शेयरों को वास्तविक रूप में प्रस्तुत करने की बजाय मात्र एक बही प्रविष्टि के माध्यम से शेयरों का अंतरण किया जा सकता है क्योंकि इस प्रणाली के अंतर्गत शेयर (scrips) अमूर्तिकृत (डीमेट) होते हैं। दूसरे शब्दों में निक्षेपागार, कंपनी के अनुरोध पर अमूर्त शेयर, डिबेंचर/बंधक आदि को "विधिक स्वामी" के रूप में रखते हैं, जहां अंतिम निवेशक "लाभदायक स्वामी " है। निक्षेपागार सहभागी, बैंक, वित्तीय संस्था, अभिरक्षक, शेयर दलाल, ग़ैर बैंकिंग वित्तीय कंपनी आदि हो सकते हैं जो विभिन्न सेवाएं प्रदान करते हैं यथा –निवेशक के अनुरोध पर निक्षेपागार खाता (इलैक्ट्रॉनिक माध्यम में खोलना, प्रतिभूतियों का अमूर्तिकरण प्रदान करना, भौतिक प्रतिभूतियों को वापस लेने की प्रक्रिया तथा अमूर्त खाते को ऋण प्रदान करना, निवेशकों के खाते का रख-रखाव, उन व्यापार का निपटान जो शेयर बाजार में नहीं किया जाता (परोक्ष

बाजार व्यापार) तथा प्रतिभूतियों का अंतरण आदि। ग्राहक के अमूर्त खाते से अंतरित शेयरों पर स्टैम्प शुल्क नहीं है।

Depression (मंदी) - अर्थव्यवस्था की एक ऐसी स्थिति जिसमें आर्थिक कार्यकलापों में अत्यधिक संकुचन आ जाता है। घोर बेरोजगारी, बिक्री में गिरावट के कारण संयत्रों के निवेश में कमी, आत्मविश्वास न होने के कारण अत्यधिक कारोबारों का ठप्प हो जाना इसा स्थिति के लक्षण हैं।

Devaluation (अवमूल्यन) - किसी विदेशी मुद्रा (अथवा स्वर्ण) की तुलना में किसी देश की आधिकारिक विनिमय दर में कमी। ऐसा प्राय: प्रतिकूल व्यापार-शेष को सुधारने तथा विदेशी बाजार में निर्यात को बढ़ावा देने के लिए किया जाता है। यह कार्य सरकार द्वारा किया जाता है। इस क्रिया से मुद्रा का केवल बाह्यमूल्य कम होता है। जब देशी मुद्रा की विनिमय दर विदेशी मुद्रा के अनुपातमें अपेक्षाकृत कम कर दी जाती है, तो इस स्थिति को मुद्रा का अवमूल्यन कहा जाता है।

Direct quotation (प्रत्यक्ष भाव दर) - किसी भी विदेशी मुद्रा को घरेलू मुद्रा में जिस विदेशी विनिमय दर पर व्यक्त किया जाता है, उसे प्रत्यक्ष भाव दर कहते हैं।

Direct and indirect taxes (प्रत्यक्ष एवं अप्रत्यक्ष कर) - प्रत्यक्ष कर से अभिप्राय उस कर से है जिसकी सीधे तौर पर वसूली की जाती है। उदाहरणार्थ आयकर, व्यवसाय से आय पर कर, शेयर या दूसरी संपत्तियों से आय पर कर, प्रॉपर्टी टैक्स। इसके विपरीत जो कर सीधे जमा नहीं कराना पड़ता लेकिन अप्रत्यक्ष रूप से वसूला जाता है। देश में तैयार, आयात या निर्यात किए गए सभी सामानों पर लगाए जाने वाले अप्रत्यक्षकर कहलाते हैं। इसमें उत्पाद कर और सीमा शुल्क भी शामिल हैं।

Disinvestment (विनिवेश) – किसी भी व्यक्ति अथवा संस्था द्वारा नकदी प्राप्त करने के उद्देश्य से अपनी शेयरधारिता कम करने के लिए अपने शेयर

बेच देने की प्रक्रिया या सार्वजनिक उपक्रमों में सरकारी हिस्सेदारी बेचने की प्रक्रिया विनिवेश कहलाती है।

Dividend (लाभांश) - किसी भी कंपनी द्वारा अपने लाभ में से शेयरधारकों के बीच आबंटित राशि लाभांश कहलाती है। यह करयुक्त और करमुक्त दोनों हो सकती है। यह शेयर धारकों की आय है। कंपनी के एक शेयर पर दी जाने वाली लाभांश की राशि को यदि शेयर के अंकित मूल्य के साथ व्यक्त किया जाए तो इसे लाभांश दर कहा जाता है।

Dividend Securities (लाभांश प्रतिभूतियां) - जिन प्रतिभूतियों पर प्रतिफल के रूप में निवेशक को लाभांश मिलता है, उन्हें लाभांश वाली प्रतिभूतियां कहा जाता है। जैसे समता शेयर, पूर्वाधिकारी शेयर।

Documentary letter of credit (प्रलेखी साखपत्र) - इससे आशय एक ऐसे वचन-पत्र से है जिसके आधार पर जारीकर्ता बैंक आवेदक के अनुरोध पर अथवा उसके अनुदेशों के तहत साखपत्र में निर्दिष्ट शर्तों का पालन होने पर किसी अन्य स्थान पर अपने एजेंट अथवा प्रतिनिधि के रूप में कार्यरत किसी अन्य बैंकर को इस हेतु प्राधिकृत करता है कि वह निर्धारित दस्तावेज प्रस्तुत किए जाने पर एक निश्चित राशि का भुगतान किसी तीसरी पार्टी को करे।

Doubtful debts (संदिग्ध कर्ज) - कभी-कभी कर्ज प्राप्त करने के लिए जो वस्तुएं जमानत के रूप में रखी जाती हैं, उनके मूल्यों में कमी हो जाती है, परिणामत: उन ऋणों की वसूली संदिग्ध हो जाती है, ऐसे ऋण संदिग्ध कर्ज कहलाते हैं।

Electronic fund transfer (इलैक्ट्रॉनिक निधि अंतरण) - यह एक फुटकर निधि अंतरण प्रणाली है और बैंक के एक खातेदार किसी सहभागी बैंक के दूसरे व्यक्ति के खाते में,एक केंद्र से दूसरे केंद्र को लिखतों के भौतिक संचलन के बिना निधियों का अंतरण सुनिश्चित करता है। यह ईएफटी

प्रणाली शहर के अंदर और शहरों के बीच अंत: बैंक और अंतर-बैंक निधियों का अंतरण सुनिश्चित करता है।

Euro issue (यूरो निर्गम) - देशीय अथवा घरेलू बाजार से बाहर धनराशि प्राप्त करने के उद्देश्य से प्रतिभूतियां जारी करना। तदनुसार जब कोई भारतीय कंपनी विदेशों में अपना निर्गम जारी करती है तो उसे यूरो निर्गम कहा जाता है।

Excise duty (उत्पाद शुल्क) - सरकार द्वारा माल के विनिर्माण अथवा उत्पादन पर लगाया कर (levy) उत्पाद शुल्क कहलाता है।यह देश में बने और यहीं बिकनेवाले सामान पर वसूला जाता है। कंपनियों को फैक्ट्री में से सामान निकालने से पहले इसे भरना ज़रूरी है। यह सरकार की कमाई के सबसे बड़े साधनों मेंसे एक है। यह आवश्यक नहीं कि एक ही तरह की वस्तुओं पर एक समान उत्पाद-शुल्क लगाया जाए।

Exchange Value of Money (मुद्रा का विनिमय मूल्य**) -** जब देश की प्रचलित मुद्रा का मूल्य किसी विदेशी मुद्रा के साथ निर्धारित किया जाता है ताकि मुद्रा की अदला-बदली की जा सके तो इस मूल्य को मुद्रा का विनिमय मूल्य कहा जाता है। वह मूल्य दोनों देशों की मुद्राओं की आंतरिक क्रयशक्ति पर निर्भर करता है।

Export invoice (निर्यात बीजक) - इसका अभिप्राय उस प्रलेख से है जिसके अंतर्गत निर्यातक को भेजे गए माल का परिमाण, उसकी किस्म, गुणवत्ता, मूल्य, बीजक संख्या, माल भेज़ने की तिथि, निर्यातक का नाम, पता, माल, आयातक देश का नाम, आयातक का नाम, पता, बंदरगाह जिससे माल भेजा गया है, बंदरगाह जहां माल उतारा जाएगा। भुगतान की शर्त एवं विधि, जहाजी बिल्टी की संख्या एवं तिथि आदि महत्वपूर्ण बातों का समावेश किया जाता है। इस प्रलेख में साख संबंधी सूचनाओं का

भी प्रदर्शन होता है। तीन प्रतियों में तैयार इस निर्यात बीजक में क्रेता की आयात लाइसेंस संख्या भी निर्दिष्ट होती है।

Face value (अंकित मूल्य) - किसी प्रतिभूति पर दर्शाया गया मूल्य। अंकित मूल्य कंपनी में शेयरधारी के स्वयं के स्वामित्व की स्थिति जानने में सहायक होता है। उदाहरणार्थ रु. 200,000 की कुल इक्विटी पूंजी रखने वाली कंपनी में रु. 1000 के अंकित मूल्य के इक्विटी शेयर रखने वाले व्यक्ति के स्वामित्व की स्थिति (ownership stake)1000/200,000 अर्थात 0.50 प्रतिशत है।

Financial Engineering (वित्तीय इंजीनियरिंग) - इससे अभिप्राय नई वित्तीय लिखतों,नए उत्पादों का निर्माण और नई-नई तकनीकों का विकास है।यह कभी समाप्त न होने वाली क्रिया है जो निवेशकों और उधारकर्ताओं की नई उभरकर सामने आ रहीं आवश्यकताओं को पूरा करने के लिए नए-नए उत्पाद बाजार में प्रस्तुत करती रहती है।

Fiscal policy (राजकोषीय नीति) – किसी भी देश की सरकार द्वारा कर और व्यय संबंधी अधिकारों का प्रयोग। पूरे विश्वभर में सरकारें मूलभूत बुनियादी ढांचे (अर्थात सड़कें, हवाई अड्डे बिजली संयंत्र) के विनिर्माण कार्य में लगी रहती हैं और उनसे यह भी अपेक्षा की जाती है कि वे आंतरिक और बाह्य सुरक्षा प्रदान करें। इन सभी उत्तरदायित्वों को पूरा करने के लिए सरकार को विभिन्न स्तरों-पूंजी परिव्यय, सुरक्षा सेना, पुलिस, प्रशासनिक सेवाओं और अन्य मुद्दों-पर भारी खर्च करना पड़ता है। इन आवश्यकताओं को पूरा करने में कर आय (राजस्व) का महत्वपूर्ण स्रोत है।इस प्रकार संघ (यूनियन) सरकारें अपने विभिन्न स्रोतों के माध्यम से आयकर, उत्पाद शुल्क, कस्टम ड्यूटी इत्यादि इकट्ठा करती है।

Fiscal drag (राजकोषीय कर्षण) - इससे आशय उस बढ़े हुए कर भार से है जो मुद्रा स्फीति के कारण उत्पन्न हो जाता है। कर की दरें यथावत रहने

के बावजूद बढ़ी हुई मजदूरी तथा वेतन के कारण व्यक्ति का कर स्लैब (tax slab) बढ़ जाता है और उसे अधिक कर का भुगतान करना पड़ता है।

Fiscal deficit (वित्तीय घाटा) **-** सरकार को प्राप्त कुल राजस्व और कुल व्यय के बीच का अंतर वित्तीय घाटा कहलाता है।

Fixed assets (अचल परिसंपत्ति) - उत्पादों अथवा सेवाओं के प्रयोजनार्थ किसी कारोबार अथवा व्यवसाय में अभिगृहीत और प्रयोग में लाई गई कोई भी मूर्त संपत्ति। इनमें मशीनें, कंप्यूटर, कार्यालय भवन, कार, संयत्र आदि शामिल हैं|

Flash memory (फ्लैश मैमोरी) - इसका प्रयोग कंप्यूटरों में सरल तथा तेज स्पीड से सूचना स्टोर करने में किया जाता है। इसमें कार्य-प्रणाली मैकेनिकल की बजाय इलैक्ट्रिकल होती है।प्राय: कंप्यूटरों के माध्यम से विभिन्न फाइलों, डिजिटल फोटोग्राफ, म्यूजिक फाइल्स,वर्ड प्रोसेसिंग दस्तावेजों, पीडी.एफ. आदि को स्टोर तथा स्थानांतरित कर सकते हैं लेकिन कई बार सुरक्षा दृष्टि से इन फाइलों की एक अतिरिक्त कॉपी बनाई जाती है, जिसके लिए "फ्लैश मैमोरी" का उपयोग किया जाता है।

Foreign direct investment (प्रत्यक्ष विदेशी निवेश) **-** किसी विदेशी कंपनी द्वारा भारत स्थित किसी कंपनी में अपनी शाखा, प्रतिनिधि कार्यालय या सहायक कंपनी द्वारा निवेश करने की स्थिति प्रत्यक्ष विदेशी निवेश कहलाती है।

Foreign exchange bill (विदेशी विनिमय बिल) - विदेश व्यापार में काम में आनेवाला यह एक महत्वपूर्ण प्रलेख है।

Forward Contract (वायदा संविदा) - दो पक्षों के बीच नकदी बाजार (शेयरों के मामले में) या हाजिर बाजार (कमोडिटी के मामले में) के संबंध में किया जाने वाला ऐसा विदेशी मुद्रा करार जो भविष्य की एक निश्चित तारीख को सुपुर्दगी के साथ निपटाया जाता है अर्थात् दो पक्ष किसी भावी

निर्दिष्ट तारीख को एक मुद्रा के बदले दूसरी मुद्रा सुपुर्द करने का वचन लेते हैं।

Forward rate (वायदा दर) - इससे अभिप्राय उस दर से है जिस पर किसी भावी तिथि को सुपुर्दगी के लिए विदेशी मुद्रा खरीदी अथवा बेची जा सकती है।

Free on board (जहाज तक नि:शुल्क) - विक्रेता द्वारा प्रस्तावित वह दर जो उस डिलिवरी पाइंट को निर्दिष्ट करती है जहां तक माल का विक्रेता जहाज पर माल लादने से संबंधित होने वाला सभी प्रकार का व्यय और प्रभार वहन करता है।

Fringe benefit tax (अनुषंगी हितलाभ कर) - संस्थाओं एवं कंपनियों द्वारा अपने कमर्चारियों को प्रदान की गई सुविधाओं यथा फोन, कार या एलटीसी के बदले उन पर जो टैक्स लगाया जाता है, उसे अनुषंगी हितलाभ कर कहते हैं। कुछ संस्थाएं यह कर स्वयं वहन करती हैं लेकिन अधिकतर संस्थानों में यह कर कर्मचारियों को ही वहन करना पड़ता है और इसके लिए उनके वेतन से कटौती की जाती है।

General cash account (नकद का सामान्य खाता) - इस खाते में दैनिक कुल प्राप्त राशियों (नकद तथा अंतरण द्वारा) को नामे डाला जाता है और दैनिक कुल देयताओं (नकद तथा अंतरण द्वारा) जमा किया जाता है। शुद्ध नकद बही से कुल राशियां प्रविष्ट की जाती हैं और शेष राशि, जो हमेशा नामे शेष होगी ,कार्यालय में कारोबार की समाप्ति पर नकद शेष होती है।

Gilt-edged securities (श्रेष्ठ प्रतिभूतियां) - इससे आशय सरकारी प्रतिभूतियों से है । इन प्रतिभूतियों का वैशिष्ट्य यह है कि इन प्रतिभूतियों की विश्वसनीयता उच्चतम स्तर की होती है।

Goodwill (गुडविल) – किसी कारोबार अथवा व्यवसाय के अमूर्त तथ्यों का मूल्य यथा इसका नाम,प्रतिष्ठा , स्थिति आदि गुडविल में शामिल होते हैं।

G.R.Form (जीआर फॉर्म) - विदेशी व्यापार प्रक्रिया के अंतर्गत जीआर फॉर्म भारतीय रिजर्व बैंक द्वारा निर्धारित ऑनलाइन उपलब्ध वह फॉर्म है जिसे निर्यातक द्वारा भरकर भारतीय रिजर्व बैंक को देना होता है। इस फॉर्म में रिजर्व बैंक को यह जानकारी मिलती है कि विदेशों में बेचे गए माल से जो विदेशी मुद्रा प्राप्त होगी वह भारत में प्रेषित कर दी जाएगी। इसे दो प्रतियों में तैयार किया जाता है, मूल प्रति बंदरगाह पर ही सीमा शुल्क अधिकारियों को देनी होती है तथा द्वितीय प्रति माल भेजने के बाद प्राधिकृत व्यापारी के पास अन्य प्रलेखों के साथ जमा करानी होती है।

Government securities (सरकारी प्रतिभूतियां) - ये दीर्घकालीन ऋण प्रतिभूतियां हैं जो केंद्र तथा राज्य सरकारों तथा साथ ही म्युनिसिपल कॉर्पोरेशन,विद्युत बोर्डों ,कतिपय वित्तीय संस्थाओं यथा आइ डी बी आइ और नाबार्ड तथा अन्य निकायों द्वारा भिन्न- भिन्न परिपक्वता अवधि वाली अधिकतम 10 वर्ष तक की अवधि के लिए जारी की जाती हैं।चूंकि ये प्रतिभूतियां सरकार द्वारा जारी की जाती हैं या उनके लिए सरकार की गारंटी होती है, अत: इनमें चूक जोखिम की स्थिति शून्य होती है।

Grey market (ग्रे मार्केट) - इससे आशय व्यापारियों द्वारा चलाए जाने वाले उस अनौपचारिक बाजार से है जहां पर स्टॉक एक्सचेंज के माध्यम से आधिकारिक तौर पर शेयरों की खरीद-बिक्री शुरू होने से पहले ही नए शेयरों की खरीद-फरोख्त होती रहती है।

Green I.T. (ग्रीन आई.टी.**) -** इसका मुख्य उद्देश्य है-सामाजिक व नैतिक कर्तव्यों को साथ-साथ रखते हुए सिस्टम की उत्तम कार्य कुशलता तथा आर्थिक दृष्टि से उचित तरीकों का समन्वयन ।यह सूचना प्रौद्योगिकी का

महत्वपूर्ण कदम है जो पर्यावरण के दीर्घकालिक लाभ से संबंधित है। पर्यावरण को प्रभावित किए बिना कंप्यूटरों में रूपांकन, निर्माण तथा उसका उपयोग मूलत: इन सबका अध्ययन है।

Gross domestic product (सकल घरेलू उत्पाद) - यह एक निश्चित अवधि के दौरान किसी देश के आर्थिक क्रियाकलाप की व्यापक माप है। यह किसी अर्थव्यवस्था में एक वर्ष के भीतर उत्पन्न अंतिम उत्पादों, माल और सेवाओं का कुल मूल्य है। स्पष्ट शब्दों में सकल घरेलू उत्पाद को निम्नानुसार व्यक्त किया जा सकता है:-

"खपत (उपभोग) + निवेश + सरकारी व्यय + (निर्यात -आयात)"

खपत या उपभोग से अभिप्राय उपभोक्ताओं द्वारा उत्पादित सभी वस्तुओं और सेवाओं के उपयोग पर किया गया व्यय है।

निवेश से अभिप्राय "सकल निजी घरेलू निवेश" से है जिसमें नए पूंजीगत माल (अर्थात संयंत्र और मशीनरी) के साथ- साथ फैक्टरी, भवनों इत्यादि का निर्माण शामिल है।

सरकारी व्यय से अभिप्राय उत्पादित सभी वस्तुओं और सेवाओं पर सरकार द्वारा किया गया व्यय है।

निर्यात-आयात से अभिप्राय उत्पादित सभी वस्तुओं और सेवाओं के निर्यात और आयात के बीच का अंतर है।

इस प्रकार यह स्पष्ट है कि सकल घरेलू उत्पाद जिसमें कृषि, उद्योग और सेवा – तीन क्षेत्र शामिल हैं, एक वर्ष के दौरान निर्मित सभी उत्पादों और सेवाओं का सम्मिलित बाजार मूल्य है।

Gross national product (सकल राष्ट्रीय उत्पाद) - इससे अभिप्राय उस रकम से है जो एक वर्ष के दौरान तैयार सभी उत्पादों और सेवाओं के सम्मिलित बाजार मूल्य तथा स्थानीय नागरिकों द्वारा विदेशों में किए गए

निवेश के जोड़ को, विदेशी नागरिकों द्वारा स्थानीय बाजार से अर्जित लाभ में घटाने से प्राप्त होती है।

Hair cut (हेयरकट) - हेयरकट से अभिप्राय उस मार्जिन राशि से है जो केंद्रीय बैंक द्वारा दिए गए ऋण पर ली गई हो अथवा किसी लेनदेन पर व्यापारी की कमीशन भी इसी के अंतर्गत आती है।

Hard currency (दुर्लभ मुद्रा) - विदेशी मुद्रा जिसकी मांग पूर्ति से अधिक हो।

Hard loan (अति ब्याज ऋण) - इससे अभिप्राय उस ऋण से है जिसकी चुकौती दुर्लभ मुद्रा में की गई हो।

Hedging arrangement (बचाव व्यवस्था) - इससे अभिप्राय शेयर बाजार में कीमतों में भावी उतार-चढ़ाव के जोखिम से बचाव करने के लिए की गई व्यवस्था से है।

Hire purchase arrangement (किराया-खरीद व्यवस्था) - इससे अभिप्राय एक ऐसे लेनदेन से है जिसके द्वारा एक निर्दिष्ट अवधि में मूल और ब्याज सहित नियमित किस्तों का भुगतान करने पर परिसंपत्ति अभिगृहीत की जाती है और अंतिम किस्त का भुगतान करने पर परिसंपत्ति अंतरित होकर किराएदार की संपत्ति बन जाती है।

Hypothecation (दृष्टिबंधक) - उधार ली गई राशियों के लिए प्रतिभूति रूप में आस्तियों को गिरवी रखना दृष्टिबंधक कहलाता है। इस व्यवस्था के अंतर्गत चालू परिसंपत्तियां उधारकर्ता के पास रहती हैं लेकिन चूक की स्थिति में बैंक ऋण की वसूली के लिए मुकदमा चलाकर दृष्टिबंधक परिसंपत्तियों को जब्त कर सकता है और बाद में उन्हें बेचा भी जा सकता है।

Incidence of tax (करापात) - करापात से अभिप्राय है -सरकार द्वारा लगाए गए कर के भार को अंतिम रूप से वहन करना । उदाहरणार्थ उत्पादन शुल्क सरकार द्वारा उत्पादक से वसूल किया जाता है ,किंतु उत्पादक बढ़े हुए कर की राशि को वस्तु के मूल्य में शामिल कर देता है जिससे अंतिम रूप से कर का भार उपभोक्ता को ही वहन करना पड़ता है।

Indirect tax (अप्रत्यक्ष कर) **–** अप्रत्यक्ष कर से अभिप्राय उस कर से है जो सीधे रूप में न काटकर किसी और रूप में वसूला जाता है। देश मेंतैयार, आयात या निर्यात किए गए सभी सामानों पर लगाए जाने वाले कर अप्रत्यक्ष कर कहलाते हैं। इसमें उत्पाद कर और सीमा शुल्क शामिल किए जाते हैं।

Inflation (मुद्रास्फीति) - इससे अभिप्राय है- वस्तुओं और सेवाओं के मूल्यों में तेजी से वृद्धि। यह स्थिति वस्तुओं की मांग की तुलना में उनकी उपलब्धता अथवा आपूर्ति में कमी आने पर होती है। इसमें मुद्रा का आंतरिक मूल्य गिरता है और वस्तुओं के मूल्य बढ़ते हैं। यानी मुद्रा तथा साख की पूर्ति और उसका प्रसार अधिक हो जाता है। इसे मुद्रा प्रसार या मुद्रा का फैलाव भी कहा जा सकता है।

Insider (भेदिया) - इसका प्रयोग उस व्यक्ति के लिए किया जाता है जो कंपनी से संबंधित वह जानकारी, जो सार्वजनिक रूप से उपलब्ध नहीं होती,प्राप्त कर सकता है और इस जानकारी के आधार पर वह शेयरों के लेनदेन में भारी मुनाफा कमा सकता है।

Intangible assets (अमूर्त आस्तियां) - इसका आशय उस दीर्घकालीन परिसंपत्ति से है जो फर्म या कंपनी के लिए उपयोगी है लेकिन उसका कोई मूर्त या भौतिक स्वरूप नहीं होता। उदाहरणार्थ- गुडविल, पेटेंट तथा ट्रेडमार्क, कॉपीराइट इत्यादि।

Interbank payments (अंतर- बैंक भुगतान) - अंतर- बैंक भुगतान प्राय: उच्च-मूल्य भुगतान होता है। मांग मुद्रा बाजार, विदेशी, मुद्रा बाजार, आवक विप्रेषण तथा विदेशी अपेक्षाओं के लिए निधि अंतरण आदि मुख्य लेनदेनों के निपटान के लिए भी प्रयोग किया जाता है। इस क्षेत्र में निपटान प्रक्रिया की प्रभावकारिता को बढ़ाने की दृष्टि से मेग्नेटिक मीडिया पर आधारित समाशोधन प्रणालियों की शुरुआत हुई । नवंबर 2004 से अंतर-बैंक समाशोधन को बंद किया गया और उच्च मूल्य अंतर-बैंक भुगतानों को आरटीजीएस प्रणाली के माध्यम से समाशोधित किया जा रहा है।

Intrinsic value (आंतरिक मूल्य) **–** किसी निवेशक द्वारा किसी शेयर को रखने की अवधि (holding period)के अंत में प्राप्त लाभांश और वसूल किए गए मूल्य द्वारा अनुमानित आय के आधार पर शेयर का निर्धारित मूल्य ।

Inventory (मालसूची) - इससे अभिप्राय है किसी कंपनी या कारोबार में उपयोग में लाया गया या खपनेवाला कच्चा माल, प्रक्रियागत माल ,तैयार माल इत्यादि।

Lead bank scheme (अग्रणी बैंक योजना) **–** यह योजना वर्ष1969 में प्रारंभ की गई थी। इसके अंतर्गत प्रत्येक जिले में बैंक शाखाओं की संख्या के आधार पर एक बैंक को अग्रणी बैंक घोषित किया जाता है।

Lease (पट्टा) - एक संविदात्मक व्यवस्था जिसके द्वारा कोई फर्म या व्यक्ति एक निश्चित अवधि के लिए किसी परिसंपत्ति के प्रयोग का अधिकार अभिगृहीत करता है। इसके बदले में उसे नियमित अंतराल पर किराए का भुगतान करना पड़ता है।

Letter of credit (साख पत्र) - वस्तुओं के क्रेता की ओर से बैंक द्वारा इस आशय का उत्तरदायित्व वहन करते हुए जारी एक वित्तीय लिखत कि भेजी गई वस्तुओं अथवा माल के लिए एक निर्दिष्ट अवधि के दौरान एक निश्चित

रकम का भुगतान किया जाएगा। दूसरे शब्दों में साख पत्र से आशय एक ऐसे प्रमाण-पत्र से है जिसमें इसका लेखक किसी व्यक्ति,संस्था या बैंक से यह निवेदन करता है कि इस प्रमाण-पत्र में निर्दिष्ट व्यक्ति को अंकित धनराशि तक साख उपलब्ध करा दें। प्रसिद्ध विद्वान आर.सी. डेविस के अनुसार "साख पत्र वह पत्र है जिसका लेखक (सामान्यत: बैंक) दूसरे व्यक्ति जिसका नाम उसमें लिखा गया है, से वादा करता है कि वह तीसरे पक्षकार को माल जहाज से भेजने या किसी व्यापारिक सौदे का भुगतान करने के लिए दिया गया ऋण वापस चुका देगा। इसी के साथ साख-पत्र में विक्रय की शर्तें लिखी रहती हैं जिन्हें पूरा करने पर ही निर्दिष्ट भुगतान संभव होता है क्योंकि साख-पत्र में निर्यातक को उसके माल के मूल्य के भुगतान का वचन दिया जाता है।

Liability (देयता) - किसी कंपनी अथवा व्यक्ति के खिलाफ देनदारी के रूप में किया गया दावा।उदाहरणार्थ देय बिल, प्रोद्भूत (accrued) मजदूरी, बैंक ऋण और डिबेंचर आदि। अल्पकालीन देयताओं का भुगतान एक वर्ष के भीतर किया जाना अपेक्षित है यथा वेतन और देय कर जबकि दीर्घकालीन देयताएं (जैसे बंधक और बाँड) एक वर्ष से अधिक अवधि तक चलती रहती हैं।

Line of credit (ऋण व्यवस्था) - यह एक ऐसी व्यवस्था है जिसके अंतर्गत एक ऋणदात्री संस्था किसी उधारकर्ता को एक निर्दिष्ट अवधि के दौरान एक निश्चित सीमा तक कोई पूर्वनिर्धारित धन-राशि उन शर्तों पर उधार देने के लिए तैयार होती है जिनके आधार पर वह देनदार उस राशि को आहरित कर सके।

Loan syndication (ऋण समूहन) - कई ऋणदात्री संस्थाओं द्वारा परस्पर मिलकर किसी एकल उधारकर्ता को वित्तपोषक के रूप में ऋण दिया जाना जिससे किसी अकेली संस्था को अधिक जोखिम का सामना न करना पड़े।

Mass banking (जन बैंकिंग) - जैसाकि नाम से ही स्पष्ट है, जन बैंकिंग का अभिप्राय है - बैंकिंग सुविधाएं किसी वर्ग विशेष तक सीमित न रहकर दूर-दरांज के इलाकों में रहने अत्यंत गरीब व अल्पशिक्षित व्यक्तियों तक पहुंचकर उन्हें बैंकिंग के प्रति जागरूक बनाते हुए विभिन्न बैंकिंग सुविधाओं से लाभान्वित करना।

Maturity (परिपक्वता) - इसका आशय किसी प्रतिभूति के जारी होने की तारीख और उसकी समाप्ति की तारीख, जिस पर वह मोचन के लिए देय हो, के बीच की समयावधि से है।

Money market (मुद्रा बाजार) - मुद्रा बाज़ार से आशय अल्पकालिक ऋण लेने और देने के लिए वैश्विक वित्तीय बाज़ार से है. यह वैश्विक वित्तीय प्रणाली के लिए अल्पकालिक अवधि की नकदी/तरलता का वित्त पोषण प्रदान करता है। मुद्रा बाजार वह जगह है जहां अल्पकालिक कार्यकाल दायित्व जैसे ट्रेज़री बिल, वाणिज्यिक पत्र/पेपर और बैंकरों की स्वीकृतियां आदि खरीदे और बेचे जाते हैं। मुद्रा बाजार के मूल में बैंक होते हैं जो वाणिज्यिक पत्र, दोबारा खरीदे जा सकने वाले करार और इसी प्रकार के साधनों का प्रयोग करके एक दूसरे को उधार लेते और देते हैं. ये साधन अक्सर उपयुक्त शर्तों और मुद्रा के लिए लंदन इंटर बैंक द्वारा प्रस्तुत दर (LIBOR) द्वारा निर्धारित होते हैं। संक्षेपत: मुद्रा -बाजार-लिखतों का सक्रिय रूप से लेनदेन करनेवालों क्रेताओं और विक्रेताओं का समूह मुद्रा बाजार कहलाता है।

Monetary policy (मौद्रिक नीति) – किसी भी देश के केंद्रीय बैंक द्वारा उस देश की मौद्रिक नीति का संचालन किया जाता है। इसका मुख्य उद्देश्य परिचालन में मुद्रा की मात्रा को विनियमित करने के साथ-साथ मुद्रा की आपूर्ति को नियंत्रित करना, देश की मुद्रा का विनिमय मूल्य बनाए रखने तथा आर्थिक विकास को बढ़ावा देने में वित्तपोषण प्रणाली का इस्तेमाल करना है।

Moratorium (अधिस्थगन) - किसी ऋण की चुकौती को स्थगित करने के लिए लेनदार द्वारा उधारकर्ताओं को निर्दिष्ट अवधि से अधिक दिया गया समय अधिस्थगन या ऋणस्थन कहलाता है।

Mortgage (बंधक) - बंधक किसी विनिर्दिष्ट अचल संपत्ति में निहित हित का इस आशय से किया गया अंतरण है कि ऋण के रूप में दिए गए या दिए जाने वाले किसी अग्रिम या किसी वर्तमान या भावी ऋण की अदायगी को प्राप्त किया जाए अथवा आर्थिक दायित्व को वहन किए जाने संबंधी किसी वचनबद्धता का निष्पादन किया जाए।

Negotiable instrument (परक्राम्य लिखत/प्रपत्र) – एक ऐसा दस्तावेज जो किसी कानूनी धारक को एक निर्दिष्ट धनराशि पाने का हकदार बनाता है और जिसे एक व्यक्ति से दूसरे व्यक्ति के नाम अंतरित किया जा सकता है। चेक, विनिमय पत्र और वचन-पत्र (promissory notes) इसके अंतर्गत आते हैं।

Nest egg (रक्षित पूंजी) - इस पूंजी से अभिप्राय उस बचाई गई पूंजी से है जिसे भविष्य में होने वाले बड़े खर्चों अथवा आकस्मिक रूप से आई गई विपदाओं का सामना करने के लिए अलग से सुरक्षित करके रखा गया हो।

Net assets (निवल आस्तियां) - इससे अभिप्राय किसी कंपनी के शेयरधारकों की राशि को निकालकर आस्तियों और देयताओं के बीच की अंतर राशि से है।

Net banking (नेट बैकिंग)- जब व्यक्ति घर बैठे ही इंटरनेट द्वारा बैंकिंग कार्यों का संचालन कर सके तो उसे नेट बैंकिंग कहा जाता है।

Non banking financial company (ग़ैर बैंकिंग वित्तीय कंपनी) - यह एक ऐसी वित्तीय मध्यवर्ती संस्था है जो बैंकिंग से इतर कतिपय अन्य वित्तीय कार्यकलापों में लगी हुई है। ये कार्यकलापग़ैर-बैंकिंग वित्तीय कंपनी (रिजर्व बैंक) निदेशावली,1977और उससे संबंधित किए गए संशोधनों में

विनिर्दिष्ट हैं। इनमें उपस्कर लीजिंग, किराया खरीद और वित्तीय प्रतिभूतियों में निवेश शामिल हैं। तथापि बीमा कंपनियां और स्टॉक ब्रोकिंग उद्यम इसमें शामिल नहीं हैं।

No frills account (सीमित सुविधा वाला खाता) - इसका अभिप्राय ऐसे खाते से है जो न्यूनतम जमा-राशि अथवा शून्य शेष से खोला जाए। गरीब और आर्थिक दृष्टि से कमजोर व्यक्ति सीमित बैंकिंग सेवाओं का उपयोग कर सकें, आवश्यकता पड़ने पर ऋण सुविधा से लाभान्वित हो सकें, इस उद्देश्य से इस खाते की शुरुआत की गई।

Non-scheduled bank (ग़ैर अनुसूचित बैंक) - ऐसे बैंक जो भारतीय रिजर्व बैंक अधिनियम की दूसरी अनुसूची में शामिल नहीं हैं, ग़ैर अनुसूचित बैंक कहलाते हैं।

Offshore Fund (अपतटीय निधि) - इससे अभिप्राय उस निधि से है जिसके अंतर्गत म्युचुअल फंड कंपनियां विदेश से धन जुटा कर देश केभीतर विनियोजित करती हैं।

Open Ended Fund (निर्बंध निधि) - ऐसी निधि जिसकी कोई लॉक इन अवधि या पूर्व निर्धारित अवधि नहीं होती। इसमें निवेश किए गए पैसों की निकासी अथवा यूनिटों की खरीद-बिक्री तत्कालीन शुध्द परिसंपत्ति मूल्य (net asset value) पर कभी भी की जा सकती है।

Open market operations (खुले बाजार के कार्यकलाप) - इसका अभिप्राय किसी भी देश के केंद्रीय बैंक द्वारा बैंकिंग प्रणाली में आरक्षित निधियों का प्रसार करने अथवा उन्हें संकुचित करने के लिए प्रतिभूतियों के क्रय-विक्रय से है। खुले बाजार के कार्यकलाप आरक्षित नकदी निधि अनुपात और सांविधिक चल निधि अनुपात के अलावा लोक ऋण प्रबंध और साथ ही मुद्रा-नियंत्रण के उपाय के रूप में कार्य करते हैं।

Overdraft (ओवरड्राफ्ट) – इसका आशय बैंक द्वारा प्रदान की जाने वाली उस सुविधा से है जिसके तहत जमाकर्ता अपने चालू खाते से एक निर्दिष्ट सीमा तक जमा से अधिक राशि (overdraw) निकाल सकते हैं।

Overheating of economy (अति सक्रिय अर्थव्यवस्था) – ऐसी अर्थव्यवस्था जिसकी सभी आर्थिक गतिविधियों में सामान्य से अधिक तेजी देखी जाए तो वह अतिसक्रिय अर्थव्यवस्था कहलाती है।ऐसी अर्थव्यवस्था में रोजगार के अवसर अधिक हो जाते हैं,उत्पादन में वृद्धि होती है ।लोगों की आय में वृद्धि होने से उनकी क्रय शक्ति बढ़ जाती है। परिणामत: वस्तुओं की मांग बढ़ जाती है और उस अनुपात में उनकी आपूर्ति न हो सकने के कारण कीमतों में वृद्धि होने लगती है और मुद्रास्फीति की स्थिति उत्पन्न हो जाती है।

Para banking institutions (परा बैंकिंग संस्थाएं) - इसका आशय ऐसी संस्थाओं से है जो बैंकिंग के दायरे में नहीं आतीं लेकिन फिर भी विभिन्न प्रकार की बैंकिंग एवं वित्तीय सेवाएं उपलब्ध कराती हैं। इन सेवाओं में प्रमुख रूप से विभिन्न प्रतिभूतियों में निवेश करने के लिए ऋण प्रदान करना, प्रबंधन एवं परामर्शी सेवाओं के साथ-साथ डीमैट सुविधा प्रदान करना, बैंक गारंटी एवं जमानत की सुविधा उपलब्ध कराना आदि शामिल हैं।

Payment order Account (भुगतान आदेश खाता) - इस खाते के माध्यम से अन्य व्यक्तियों के स्थानीय भुगतान जैसे आअवक टी.टी. विप्रषणों ,सामान तथा सेवाओं के लिए भुगतान आदि बैंक के भुगतान आदेश, जो मांग ड्राफ्ट के रूप में होता है, द्वारा किया जाता है। भुगतान आदेश देते समय खाते में जमा किया जाता है और नकदीकरण के समय नामे डाला जाता है।

Phishing (इंटरनेट के माध्यम से की जानेवाली हेराफेरी) - इसका अभिप्राय इंटरनेट के माध्यम से जब बैंकिंग लेनदेन किया जाता है तो उसमें की जाने वाली हेराफेरी से है। आजकल अपराधी तत्व इंटरनेट के माध्यम से गलत ढंग से (कई बार अनेक प्रकार के प्रलोभन देकर) ग्राहक के खाते की जानकारी प्राप्त कर लेते हैं और फिर उस जानकारी का दुरुपयोग करते हुए ग्राहक के खाते से पैसा निकाल लेते हैं।

Pledge (गिरवी) - इससे अभिप्राय एक ऐसी व्यवस्था से है जिसमें किसी फर्म या कंपनी द्वारा उसकी प्राप्य राशियों के आधार पर अर्थात जमानत के रूप में माल उधारकर्ता के पास धरोहर के रूप में रखकर अथवा उसकी सुपुर्दगी करके वित्त प्राप्त किया जाता है। इसमें उधार चुकाए जाने तक माल का स्वामित्व उधारकर्ता के पास रहता है पर उसका कब्जा उधारदाता के पास रहता है।

Pledgee (गिरवीदार) – ऋण प्राप्त करने के उद्देश्य से जिस व्यक्ति या बैंक के पास माल जमानत स्वरूप रखा जाता है, उसे गिरवीदार कहते हैं।

Prime landing rate (मूल ब्याज दर) - इसका अभिप्राय बैंकों द्वारा अपने सबसे अधिक विश्वसनीय उधारकर्ताओं को दिए गए ऋण पर वसूल की गई ब्याज दर से है। मूल ब्याज दर अन्य उधारकर्ताओं से वसूल की जाने वाली ब्याज दर को निर्धारित करने में आधार दर (benchmark)का कार्य करती है। भारतीय रिजर्व बैंक द्वारा अक्तूबर 1994 में घोषित क्रेडिट पॉलिसी के अनुसरण में अनुसूचित वाणिज्य बैंक दो लाख रुपए की राशि से अधिक राशि के ऋणों पर अपनी मूल ब्याज दर निर्धारित करने में स्वतंत्र हैं। तदनुसार भारत में प्रमुख बैंक और अन्य वित्तीय संस्थाएं भी अपनी धन-राशियों की लागत और प्रतिस्पर्धी उधार दरों के आधार पर आवधिक आधार पर अपनी मूल ब्याज दरें घोषित करती हैं।

Priority sectors (प्राथमिकता प्राप्त क्षेत्र) - भारतीय अर्थव्यवस्था के कतिपय क्षेत्रों की बहुत ही अनुकूल शर्तों पर विशेषत: रियायती उधार दरों पर निर्दिष्ट बैंकों (भारत में कार्यरत विदेशी बैंकों सहित अनुसूचित वाणिज्य बैंकों) से सहायता के लिए पहचान की गई है। इन क्षेत्रों में कृषि, लघु उद्योग,व्यापारी (traders) और लघु उद्यमकर्ता, स्व-नियोजित व्यक्ति और व्यवसायी (professionals), ट्रांसपोर्ट-ऑपरेटर्स और विद्यार्थी शामिल हैं।

Profit and loss account (लाभ और हानि खाता) - इस खाते को वार्षिक लेखाबंदी के समय परिचालित किया जाता है। कार्यालयों के सभी आय खाताओं को इस खाते में अंतरित किया जाता है तथा निवल लाभ या हानि को तैयार करके केंद्रीय कार्यालय को अंतरित किया जाता है।

Promissory note (वचन-पत्र) - लिखित रूप में एक ऐसा प्रपत्र (instrument) जो किसी व्यक्ति की ऋणग्रस्तता के साक्ष्य का कार्य करता है। वचन-पत्र में जारीकर्ता द्वारा इस आशय की एक निश्चित वचनबद्धता होती है कि वह निर्दिष्ट व्यक्ति को या उसके आदेश पर किसी अन्य व्यक्ति को एक निश्चित राशि का भुगतान कर देगा।

Public provident fund (लोक भविष्य निधि) – राष्ट्रीय बचत संगठन द्वारा जारी कर बचत योजना। लोक भविष्य निधि खाता कतिपय बैंकों और डाक घरों में खोला जा सकता है। जमाराशियों पर कर से छूट प्रदान की जाती है और उन जमाराशियों पर प्रोद्भूत ब्याज भी करमुक्त होता है। इस खाते में अधिकतम राशि एक लाख रुपए तक जमा की जा सकती है।

Quick ratio (त्वरित अनुपात) - यह अनुपात किसी फर्म या कंपनी के कच्चे माल को चालू अस्तियों से घटाकर और संबंधित परिणाम को चालू देयताओं से भाग करके निकाला जाता है।

Real estate (स्थावर संपदा) - इसका आशय अचल संपत्ति (भूमि अथवा भवन) से है।

Real time gross settlement (तत्काल सकल निपटान) - जैसा कि नाम से ही स्पष्ट है, इस प्रणाली के अंतर्गत भुगतान की तत्काल व्यवस्था है। दूसरे शब्दों में इसमें भुगतान की प्रक्रिया पूरी करने और अंतिम रूप से भुगतान करने के अनुदेशों की लगातार साथ-साथ तत्काल पूर्ति की जा सकती है। पर्याप्त नकदी उपलब्ध होने के कारण इस व्यवस्था में भुगतान न होने की समस्या उत्पन्न नहीं होती।

Repo rate (रिपो रेट) - इसका आशय उस दर से है जिस पर रिजर्व बैंक अन्य बैंकों को अल्पकालीन निधियां उधार देता है।बैंकों को अपने दैनिक कामकाज के लिए प्राय: ऐसी बड़ी रकम की जरूरत होती है जिनकी मियाद एक दिन से ज्यादा नहीं होती। इसके लिए बैंक जो विकल्प अपनाते हैं,उनमें सबसे सामान्य है- केंद्रीय बैंक (भारत में रिजर्व बैंक) से रातभर (ओवरनाइट) कर्ज लेना। इस कर्ज पर रिजर्व बैंक को जो ब्याज देना पड़ता है, उसे ही रीपो दर कहते हैं। रीपो रेट कम होने से बैंकों के लिए रिजर्व बैंक से कर्ज लेना सस्ता हो जाता है और इसलिए बैंक ब्याज दरों में कमी करते हैं, ताकि ज्यादा से ज्यादा रकम कर्ज के तौर पर दी जा सके। रीपो दर में बढ़ोतरी का सीधा मतलब यह होता है कि बैंकों के लिए रिजर्व बैंक से रात भर के लिए कर्ज लेना महंगा हो जाएगा। परिणामत: बैंक द्वारा दूसरों को दिए जाने वाले ऋण पर निर्धारित ब्याज दर में भी वृद्धि होगी।

Reverse repo rate (प्रति पुन: खरीद दर) - प्रतिपुन: खरीद दर से अभिप्राय उस दर से है जिस पर बैंक दिन भर के कामकाज के बाद अनेक बार शेष बची बड़ी रकम अपने पास रखने के बजाय रिजर्व बैंक में रख देते हैं और उस राशि पर उन्हें रिजर्व बैंक से जिस दर पर ब्याज मिलता है। अगर रिजर्व बैंक को लगता है कि बाजार में बहुत ज्यादा नकदी है, तो वह रिवर्स रीपो दर में बढ़ोतरी कर देता है, जिससे बैंक ज्यादा ब्याज कमाने के

लिए अपना धन रिजर्व बैंक के पास रखने को प्रोत्साहित होते हैं और इस तरह उनके पास बाजार में छोड़ने के लिए कम धन बचता है।

Revaluation (पुनर्मूल्यन) - विदेशी मुद्रा के संदर्भ में किसी देश की मुद्रा की विनिमय दर में अन्य मुद्रा अथवा स्वर्ण की तुलना में आधिकारिक रूप से मूल्य वृद्धि को पुनर्मूल्यन कहा जाता है। वित्त के संदर्भ में किसी कंपनी की अचल आस्तियों यथा भूमि और मशीनरी का किसी अनुमोदित मूल्यांकक द्वारा नया (fresh) मूल्यांकन पुनर्मूल्यन कहलाता है।

Revenue receipt (राजस्व प्राप्ति) - राजस्व प्राप्ति से अभिप्राय सरकार द्वारा वसूले गए सभी प्रकार के कर और शुल्क, निवेशों पर प्राप्त ब्याज और लाभांश तथा विभिन्न सेवाओं के बदले प्राप्त रकम से है।

Revenue expenditure (राजस्व व्यय) - राजस्व व्यय के अंतर्गत विभिन्न सरकारी विभागों और सेवाओं पर खर्च, ऋण पर ब्याज की अदायगी और सब्सिडियों पर होने वाला व्यय शामिल है।

Sacred cow (महत्वपूर्ण आस्तियां) - इसका अभिप्राय उन आस्तियों से है जिनके निवेश की बिक्री नहीं की जाती लेकिन जिनकी किसी कंपनी अथवा संगठन में प्रबंधन की दृष्टि से बहुत ही महत्वपूर्ण भूमिका है और इसलिए इन्हें सुरक्षित रखने का प्रयास किया जाता है।

Sales tax (बिक्री कर) - जब भी किसी सामान की खरीद-फरोख्त की जाती है तो सरकार द्वारा उस पर कर की वसूली की जाती है। देश के ज्यादातर राज्यों में अब बिक्री कर की जगह वैट ने ले ली है, लेकिन बिक्री कर सेवाओं पर भी वसूला जाता है। एक राज्य से दूसरे राज्य में सामान के जाने पर चार फीसदी केन्द्रीय बिक्रीकर(सीएसटी) लगाया जाता है, जिसे अब धीरे-धीरे खत्म किया जा रहा है।

Scheduled bank (अनुसूचित बैंक)- इसका आशय उस बैंक से है जो भारतीय रिजर्व बैंक अधिनियम1934 की द्वितीय अनुसूची में पंजीकृत है। उक्त अनुसूची में शामिल होने के लिए किसी भी बैंक को निम्नलिखित कतिपय शर्तें पूरी करनी चाहिए –

1. उसकी चुकता पूंजी और आरक्षित निधियां निर्धारित राशि से कम नहीं होनी चाहिएं।
2. उसके कार्य उसके जमाकर्ताओं के हितों के प्रतिकूल नहीं होने चाहिएं और भारतीय रिजर्व बैंक इस संबंध में उस बैंक से संतुष्ट हो।

Securities & Exchange Board of india (SEBI)- (भारतीय प्रतिभूति और विनिमय बोर्ड) - यह भारतीय प्रतिभूति और विनिमय बोर्ड अधिनियम1992 के अंतर्गत स्थापित विनियामक निकाय है। इसकी प्रमुख भूमिका प्रतिभूतियों में निवेशकों के हितों का बचाव, प्रतिभूति बाजार के विकास को बढ़ावा देना और उसे विनियमित करना है। इसका गठन संसद में पारित प्रस्तावों के अनुरूप किया गया है, जो एक स्वायत्त नियामक संस्था है। इसके नियम शेयर बाजारों, शेयर दलालों, मर्चेंट बैंकरों, म्युच्युअल फंडों, पोर्टफोलियो प्रबंधकों सहित पूंजी बाजार से संबंधित अनेक मध्यस्थों पर लागू होते हैं।

Security-Activity Monitoring (सिक्योरिटी एक्टिविटी मॉनिटरिंग) **–** सिक्यिरिटी एक्टिविटी नेटवर्क-ट्रैफिक व होस्ट की गतिविधियों पर केंद्रित परिकल्पना है। एक्टिविटी मॉनिटरिंग का मुख्यत: प्रयोग संस्था के नियमों का पूर्णत: पालन, अनैतिक तत्वों की पहचान तथा जरूरत पड़ने पर उनका सुनियोजित उपचार करने करने में होता है। यह समय-समय पर निष्पादित करने वाली प्रक्रिया है, अत: यह सतत आश्वासन प्रदान करती है।

Securities Appeallate Tribunal(SAT) (प्रतिभूति अपीलीय न्यायाधिकरण) **(**सेट**)** - यह सेबी से सम्बद्ध एक न्यायालय के समान

न्यायिक निकाय है। सेबी के आदेश के सामने सेट में अपील की जा सकती है। सेट के आदेश सेबी को मानने पड़ते हैं या सेबी उसके सामने भी अपील कर सकती है और हाईकोर्ट में भी अर्जी कर सकती हैं। जिस प्रकार इन्कम टैक्स के सामने अपील में जाने के लिए इन्कम टैक्स अपीलेट ट्रिब्युनल होती है उसी प्रकार `सेट` एक ट्रिब्युनल है।

Securities settlement system (प्रतिभूति निपटान प्रणाली)- सरकारी प्रतिभूतियों पर अनुषंगी बाजार परिचालनों की संरचनात्मक व्यवस्थाओं को विकसित करने के लिए हाल ही में भारतीय रिजर्व बैंक ने फरवरी 2002 में परक्रामित लेनदेन प्रणाली (एनडीएस),एक स्क्रीन-आधारित प्लैटफॉर्म की शुरुआत की। एनडीएस एक इलैक्ट्रॉनिक व्यापार प्लेटफॉर्म है जिससे सरकारी ए प्रतिभूतियों की अनुषंगी बाजार लेनदेनों का निपटान सहभागियों द्वारा किया जाता है और लेनदेन सूचना, निपटान के लिए सीधे लिया जाता है।

Social computing (सामाजिक कंप्यूटिंग) - कंप्यूटर का सामाजिक तथा व्यापारिक क्षेत्रों के लोगों द्वारा उपयोग सोशल कंप्यूटिंग कहलाता है। उदाहरणार्थ इसमें ब्लाग्स, ईमेल, संदेशसेवा, सामाजिक नेटवर्किंग साइट्स सम्मलित हैं।

Standard deduction (मानक कटौती) **-** इससे अभिप्राय एक लाख तक के उस निवेश पर टैक्स पर दी गई छूट से है जो व्यक्ति अपनी आमदनी में से बीमा, सीपीएफ, जीपीएफ, पीपीएफ, नेशनल सेविंग्स सर्टिफिकेट (एनएससी), टैक्स बचाने वाले म्यूचुअल फंड, पांच साल से ज़्यादा की सावधि जमा, आवास ऋण की मूल राशि में निवेश करता है। इस एक लाख रुपये को व्यक्ति की कुल आय में से घटाकर शेष राशि पर आयकर का हिसाब लगाया जाता है।

Statutory Liquidity Ratio (सांविधिक चलनिधि अनुपात**) -** रिजर्व बैंक के आदेशानुसार बैंकों द्वारा कुल जमाओं और सुरक्षित निधियों का तरल रूप में रखा जाने वाला अंश। दूसरे शब्दों में प्रत्येक बैंकिंग कंपनी को संवैधानिक तौर पर आरक्षित नकदी निधि अनुपात के अतिरिक्त नकदी, स्वर्ण या भारग्रस्त अनुमोदित प्रतिभूतियों के रूप में एक राशि रखनी होती है। यह राशि किसी भी दिन कारोबार बंद होने के समय उसकी निवल मांग और मियादी देयताओं के उस अपेक्षित प्रतिशत में होनी आवश्यक है जो इस प्रयोजनार्थ भारतीय रिजर्व बैंक द्वारा निर्धारित किया जाता है।

Suspense account (उचंत खाता) - कई बार नामे वस्तुओं के कुल विवरण न होने के कारण या अन्य कई कारणों से उचित खाते में तुरंत पारित नहीं किया जा सकता। उस स्थिति में उन्हें इस खाते में अंतराल अवधि के लिए बुक किया जाता है। इस प्रविष्टि को बाद में प्रत्यावर्तित करते हैं।

Sweet Equity (स्वीट इक्विटी) - इससे अभिप्राय उन इक्विटी शेयरों से है जो कंपनी द्वारा अपने कर्मचारियों एवं निदेशकों को उनके द्वारा कंपनी के हित में किये गये महत्वपूर्ण योगदान के बदले रियायती शर्तों पर अथवा कभी-कभी बिल्कुल निःशुल्क प्रदान किए जाते हैं।

Tangible assets (मूर्त आस्तियां) - जैसा कि नाम से ही स्पष्ट है, इसका आशय उन आस्तियों से है जिन्हें देखा जा सकता है। उदाहरणार्थ माल, मशीनें, चल संपत्ति आदि।

Treasury bill (खजाना बिल) - भारत सरकार द्वारा जारी अल्पकालीन ऋण लिखत ।

Unencumbered securities (भार-रहित प्रतिभूतियां) - इनका आशय उन प्रतिभूतियों से है जिनके प्रति कोई ऋण बकाया नहीं है।

Usance bill (मीयादि बिल) – इसका आशय ऐसे विनिमय-पत्र से है जिसकी परिपक्वता अवधि निर्धारित होती है। उदाहरणार्थ यदि निर्धारित अवधि 120 दिन है तो इसका अभिप्राय है कि निर्दिष्ट अवधि की समाप्ति पर ही उसे प्रस्तुत करने पर वह बिल देय होगा।

Value added tax (मूल्य योजित कर) - इससे अभिप्राय उस कर से है, जो किसी सामान की खरीद पर अदा किया जाता है। यह कर सेवाओं पर नहीं होता। जिन राज्यों में वैट लागू है, वहां पर उत्पाद शुल्क और सेवाकर की वसूली अलग से की जाती है। वैट राज्य स्तर पर वसूला जाता है। वैट वसूली की चार दरें - यह शून्य से साढ़े बारह फीसदी तक होती हैं। अनिवार्य वस्तुओं जैसे जीवनरक्षक दवाओं पर कोई वैट नहीं लगता, जबकि तंबाकू, शराब जैसे चीज़ों पर साढ़े बारह फीसदी की दर से वैट की वसूली की जाती है।

Venture Capital (उद्यम पूंजी) - ऐसी पूंजी जो नये व्यवसाय की शुरुआत के लिए जुटाई जाती है। दूसरे शब्दों में कहें तो निवेशकों द्वारा शुरु हो रही छोटी कंपनियोंया उच्च प्रौद्योगिकी वाले वाणिज्यिक उद्यमों, भविष्य में जिनके विकास की प्रबल संभावना होती है, को उनकी स्थापना के प्रारंभ में सहायता के तौर पर उपलब्ध कराई जाने वाली पूंजी को वेंचर कैपिटल कहते हैं। कंपनियां ऐसी पूंजी जुटाने के लिए इक्विटी शेयर जारी करती हैं।

Ways and means advances (अर्थोपाय अग्रिम) - भारतीय रिजर्व बैंक द्वारा राज्य सरकारों को दिया जाने वाला अल्पकालीन ऋण जिससे वे अपने नकदी प्रवाह में आनेवाली अस्थायी कमी को पूरा कर सकें। इस प्रकार की सहायता का उद्देश्य प्राप्तियों में आने वाली अप्रत्याशित कमी को पूरा करने हेतु उनकी सहायता करना है।

Window dressing (ऊपरी सजावट) - इसका आशय किसी भी संगठन, प्रतिष्ठान अथवा वित्तीय कंपनी द्वारा अपने तुलन-पत्र अथवा विवरणियों को उनकी वास्तविक स्थित से परे बढ़ा-चढ़ाकर बेहतर रूप में प्रस्तुत करना है।

Working capital (कार्यशील पूंजी) - किसी कंपनी या संगठन द्वारा नकदी, माल-सूची,लेनदारी लेखों और अन्य चालू आस्तियों में नियोजित धन-राशि। इस प्रकार नियोजित धन-राशि के कुल जोड़ को कार्यशील पूंजी कहा जाता है। सामान्यत: कार्यशील पूंजी से अभिप्राय "निवल कार्यशील पूंजी" से है और इसका आकलन चालू आस्तियों में से चालू देयताओं को घटाकर किया जाता है । दूसरे शब्दों में- "निवल कार्यशील पूंजी =चालू आस्तियां-चालू देयताएं" ।

Yield to maturity (परिपक्वता प्रति लाभ) – इससे अभिप्राय किसी निवेशक द्वारा परिपक्वता तारीख तक रखे गए डिबेंचर अथवा बांड पर अर्जित प्रतिलाभ से है।

Zero coupan bond (जीरो कूपन बांड) - एक ऐसी सरकारी प्रतिभूति जिस पर जीरो कूपन दर होती है और इसीलिए यह अपने अंकित मूल्य से पर्याप्त कम दर पर जारी किया जाता है। दूसरे शब्दों में इन्हें जारी करते वक्त कटौती मूल्य पर बेचा जाता है और परिपक्व होने परपूर्ण मूल्य पर शोधित किया जाता है। अंकित मूल्य से कम दर पर प्राप्त होने के कारण निर्धारित कटौती मूल्य के अंतर को खरीदारों को यह डिस्काउंट अथवा निर्धारित कटौती मूल्य का अंतर ही उन्हें ब्याज के रूप में प्राप्त होता है।

❑

अध्याय-8

शब्द एक - अर्थ अनेक

बैंकिंग के प्रयोग में आने वाले कुछ ऐसे शब्द हैं जो एक से अधिक अर्थ रखते हैं। अत: उनके मामले में संदर्भ को विशेष रूप से ध्यान में रखते हुए सावधानीपूर्वक उनका प्रयोग किया जाए, यथा-

1. **Accountant -** लेखा, खाता, हिसाब, विवरण, की वजह से

लेखा- कृपया बहियों में रकम की प्राप्ति और भुगतान का पूरा-पूरा लेखा-जोखा रखें।

खाता- उन्होनें 'बैंक ऑफ इंडिया " में खुले अपने बचत खाते रु. 10,000/- की राशि जमा करवाई है।

हिसाब- निवल आस्तियों का हिसाब लगाते समय अन्य बातों के साथ-साथ आस्तियों और देयताओं के बीच की अंतर राशि को ध्यान में रखा जाए।

विवरण – किसी कंपनी की वित्तीय स्थिति दर्शाने वाला विवरण ।

की वजह से-वस्तुओं की मांग की तुलना में उनकी आपूर्ति में कमी आने की वजह से कीमतों में वृद्धि होने लगती है।

2. **Act -** अधिनियम, कार्य, कार्रवाई

अधिनियम- भारत सरकार द्वारा बनाया गया सूचना का अधिकार अधिनियम, 2005 13 अक्तूबर 2005 से लागू हुआ ।

कार्य– कार्यालय में महिला-उत्पीड़न घोर कदाचरण-कार्य (act of gross misconduct) माना जाता है।

कार्रवाई – कृपया इस मामले पर तत्काल कार्रवाई करें।

3. **Address -** पता, अभिभाषण, संबोधन

पता- कृपया फार्म में अपना स्थायी आवासीय पता निर्दिष्ट करें।

अभिभाषण-उनका विदाई अभिभाषण (farewell address) बहुत ही प्रभावशाली था।

संबोधन- प्रबंधक महोदय ने सभी स्टाफ-सदस्यों को संबोधित किया।

4. **Advance -** अग्रिम, उधार, आगे बढ़ना

अग्रिम - त्यौहार-अग्रिम (festival advance) की राशि बढ़ा दी गई है।

उधार- उसने अपने बैंक से एक लाख रुपए का उधार लेने के लिए आवेदन किया है।

आगे बढ़ना - आज प्रत्येक देश एक-दूसरे से आगे बढ़ने की होड़ में लगा हुआ है।

5. **Agreement -** करार, सहमति ,समझौता

करार- कई कंपनियों ने उधार लेने के लिए आपस में करार करके मूल निवेशक बैंक को अग्रणी बैंक के रूप में नियुक्त किया ।

सहमति– उसने विदेश जाने के लिए अपनी सहमति व्यक्त की।

समझौता- दोनों पक्षों ने उस विवादास्पद दस्तावेज पर हस्ताक्षर कर आपस में समझौता किय ।

6. **Amount-** राशि, परिणाम, मात्रा

राशि- "गृह-पत्रिका" के प्रकाशन हेतु रु. 5800/- की राशि स्वीकृत की गई।

परिणाम- वस्तुओं की आपूर्ति में कमी का परिणाम कीमतों में वृद्धि और मुद्रा-स्फीति की स्थिति उत्पन्न हो जाने के रूप में सामने आया।

मात्रा- कल बारिश की मात्रा 6.5 डिग्री सेल्सियस दर्ज की गई ।

7. Appreciation - मूल्य-वृद्धि,प्रशंसा,गुण-दोष विवेचन

मूल्य- वृद्धि-पिछले छह माह में पैट्रोल की कीमतों में 6 प्रतिशत की वृद्धि हुई।

प्रशंसा- प्रबंधक महोदय ने हिंदी समारोह के आयोजन की भूरि-भूरि प्रशंसा की।

गुण- दोष विवेचन-स्थिति का जायजालेकर उसका सही (गुण-दोष) विवेचन प्रस्तुत करें।

8. **Article -** अनुच्छेद,अंतर्नियम, वस्तु या माल

अनुच्छेद– कृपया इस संबंध में विदेशी मुद्रा प्रबंध अधिनियम 1999 की धारा 5 का अनुच्छेद vii देखें।

अंतर्नियम- किसी कंपनी केअंतर्नियम वे उपनियम हैं जिनके अधीन कंपनी का आंतरिक संगठन और व्यवहार संचालित होता है।

वस्तु या माल-मुद्रा स्फीति की स्थिति में वस्तुओं की कीमतों में तेजी से वृद्धि होने लगती है।

9. Authority - प्राधिकारी, प्राधिकार, प्राधिकरण

प्राधिकारी- कृपया इस मामले में सक्षम प्राधिकारी की अनुमति प्राप्त करें।

प्राधिकार- किस अधिनियम के अंतर्गत आपको यह प्राधिकार प्रदान किया गया है?

प्राधिकरण- दिल्ली विकास प्राधिकरण द्वारा आजकल अनेक नई आवासीय योजनाएं आरंभ की गई हैं।

10. **Balance** - बकाया, संतुलन, तुलन, शेष

बकाया - कृपया बकाया राशि का भुगतान करें।

संतुलन- प्रत्येक स्थिति में संतुलन बनाए रखना अपेक्षित है।

तुलन - किसी भी कंपनी के तुलन-पत्र में एक निर्दिष्ट तारीख को उसकी परिसंपत्तियों और देयताओं का ब्यौरा होता है।

शेष - अभीआपके खाते में कितना शेष है?

11. **Bill -** बिल ,विपत्र ,विधेयक

बिल - बिजली के बिल का भुगतान करने की तारीख बढ़ा दी गई है।

विपत्र - विनिमय-पत्र परक्राम्य प्रपत्र (Negotiable instrument) की श्रेणी में आता है।

विधेयक - कल राज्य सभा में महिला आरक्षण विधेयक पास हुआ।

Capital - पूंजी, राजधानी, बड़ा या स्पष्ट

पूंजी-पूंजी से अभिप्राय उस राशि से है जो किसी व्यापारी या संगठन ने व्यापार शुरू करने के लिए लगाई हो।

राजधानी-भोपाल मध्यप्रदेश की राजधानी है।

बड़ा या स्पष्ट- कृपया अपना नाम स्पष्ट (capital) अक्षरों में लिखें ।

Concern - संस्था, संबंधित होना, चिंतित होना

संस्था - भारतीय रिजर्व बैंक एक प्रतिष्ठित संस्था है।

संबंधित होना - इस मुद्दे पर पर सभी संबंधित पक्षों की सहमति अनिवार्य है।

चिंतित होना - निरंतर बढ़ती मुद्रा-स्फीति निश्चित रूप से चिंता का विषय है।

Charge - प्रभार, शुल्क, आरोप

प्रभार - उन्होंने अपने विभाग के साथ- साथ दूसरे विभाग का भी कार्य भार (charge) संभाला हुआ है।

शुल्क – उस पुस्तकालय में सदस्य बनने के लिए एक निश्चित शुल्क का भुगतान करना पड़ता है।

आरोप - आरोप-पत्रित कर्मचारी को निलंबित कर दिया गया है।

Conveyance - हस्तांतरण-पत्र, वाहन

हस्तांतरण-पत्र- एक व्यक्ति से दूसरे व्यक्ति के पक्ष में अचल संपत्ति के अंतरण हेतु लिखित विवरण हस्तांतरण-पत्र कहलाता है।

वाहन - पिछली तिमाही से वाहन भत्ते में 10 प्रतिशत की वृद्धि की गई है।

Credit - साख, जमा, श्रेय, ऋण

साख- किसी कंपनी का साख-निर्धारण अनुपात निकालने के लिए उसकी कुल त्वरित आस्तियों को कुल चालू देयताओं से विभाजित किया जाता है।

जमा - नो फ्रिल खाते में कोई जमा राशि (क्रेडिट) आवश्यक नहीं है।

श्रेय – सीमा की उन्नति का श्रेय उसके माता-पिता को जाता है।

ऋण - उसने कारोबार प्रारंभ करने के लिए बैंक ऑफ इंडिया से एक लाख रुपए का ऋण (क्रेडिट) लिया है।

Deposit - निक्षेप ,जमाराशि, जमा करना

निक्षेप - निक्षेप बीमा और प्रत्यय गारंटी निगम एक प्रतिष्ठित निकाय है।

जमाराशि - अनुसूचित बैंकों में बचत खाता खोलने के लिए न्यूनतम जमाराशि अपेक्षित है।

जमा करना - उन्होंने आज अपने खाते में रू. 5000/- की राशि जमा की है।

Economy - अर्थव्यवस्था, मितव्ययिता

अर्थव्यवस्था- राष्ट्रीय अर्थव्यवस्था की प्रवृत्ति दर्शाने वाले संकेतक आर्थिक संकेतक कहलाते हैं।

मितव्ययिता- आज की निरंतर बढ़ती महंगाई में स्वयं को बनाए रखने के लिए मितव्ययी होना अनिवार्य है।

Exchange - विदेशी मुद्रा, विनिमय, आदान-प्रदान

विदेशी मुद्रा - विदेशी मुद्रा का व्यापार करने वालों के पास विनिमय-दरों के भाव उपलब्ध रहते हैं।

विनिमय–जिस दर पर एक मुद्रा का किसी दूसरी मुद्रा में विनिमय होता है, विनिमय दर कहलाती है।

आदान-प्रदान– प्राचीन काल में लोग वस्तुओं के आदान-प्रदान द्वारा जीविकोपार्जन करते थे।

Free- नि:शुल्क, निर्बंध, निर्बाध, स्वतंत्र

नि:शुल्क-उस विक्रेता ने जहाज के पास तक माल नि:शुल्क पहुंचाने का करार किया।

निर्बंध-किसी विशिष्ट प्रयोजन के लिए अलग न रखी जाने वालीं निधियां निर्बंध प्रारक्षित निधियां कहलाती हैं।

निर्बाध- कड़ी मेहनत के फलस्वरूप वह अपने लक्ष्य-पथ पर निर्बाध रूप से आगे बढ़ती चली गई।

स्वतंत्र- स्वतंत्र भारत में सभी नागरिकों को वोट डालने का समान अधिकार प्राप्त है।

Issue- मुद्दा, प्रश्न, निर्गम, जारी करना, संतान, अंक

मुद्दा- बैठक में सबसे ज्वलंत मुद्दा लिपिकों की भर्ती का था ।

प्रश्न- कार्यशाला में प्रमुख प्रश्न द्विभाषिक सॉफ्टवेयर के प्रयोग से संबंधित था।

निर्गम - कोई भी कंपनी अपना नया निर्गम जारी करते समय बहुत प्रचार-करती है।

जारी करना –कल भारतीय रिजर्व बैंक द्वारा दस रूपए के नए सिक्के जारी किए गए ।

संतान-उनके कितनी संतान हैं?

अंक- यह " ज्ञानोदय" पत्रिका का दसवां अंक है ।

Majority- वयस्कता, बहुमत, बहुसंख्यक

वयस्कता- केवल वयस्क नागरिकों को ही वोट डालने का अधिकार प्राप्त है।

बहुमत –पिछले चुनाव में कांग्रेस भारी बहुमत से विजयी हुई।

बहुसंख्यक- बहुसंख्यक स्टाफ-सदस्य नए प्रबंधक महोदय के आगमन से प्रसन्न थे।

Measure- माप, उपाय, कार्रवाई

माप- वर्दियों की सिलाई के लिए कर्मचारियों को निर्दिष्ट दुकान पर अपना-अपना सही माप देने के विषय में सूचित करें।

उपाय- किसी भी देश की अर्थ-व्यवस्था के विकास के लिए सही आर्थिक उपाय अपनाना अत्यावश्यक है।

कार्रवाई– संबंधित स्थिति में सुधार लाने के लिए ठोस कार्रवाई (appropriate measures)की जाए।

Matter- मामला, पदार्थ, विषयवस्तु

मामला- कृपया इस मामले पर तुरंत कार्रवाई करें।

पदार्थ– आज के इस भौतिकवादी युग में पदार्थ अपेक्षाकृत महत्वपूर्ण होता जा रहा है।

विषयवस्तु– कृपया आप विचाराधीन पत्र की विषयवस्तु (subject matter) से तत्काल अवगत करवाएं।

Maturity- परिपक्वता, प्रौढ़ता, अवधि समाप्ति

परिपक्वता- किसी वित्तीय लिखत की संविदागत अवधि समाप्त होने की तारीख उसकी परिपक्वता की तारीख कहलाती है।

प्रौढ़ता- साठ वर्ष या उससे अधिक आयु होने पर व्यक्ति में स्वत: ही प्रौढ़ता का समावेश हो जाता है।

अवधि समाप्ति- तीन या किसी भी निर्दिष्ट अवधि के लिए खोले गए सावधि जमा खाते में जमा राशि निर्दिष्ट अवधि की समाप्ति पर ही परिपक्व होती है।

Minor- अवयस्क, लघु, छोटा, गौण

अवयस्क- हमारे देश में अवयस्क नागरिक को वोट डालने का अधिकार प्राप्त नहीं है।

लघु- इसके लिए एक लघु आकार के बोर्ड की आवश्यकता है।

छोटा- कभी- कभी एक छोटी सी त्रुटि भी काफी बड़ी समस्या खड़ी कर देती है।

गौण- बैठक में किसी भी गौण मुद्दे पर चर्चा नहीं की गई।

Obligation- आभार, दायित्व, बाध्यता

आभार-उन्होंने प्रबंधक महोदय द्वारा दिए गए उचित मार्गदर्शन के लिए उनका आभार व्यक्त किया।

दायित्व- संबंधित स्टाफ-सदस्य ने अपने दायित्व का सफलतापूर्वक निर्वाह किया।

बाध्यता–कई बार अनुशासन बनाए रखने के लिए बाध्यकर उपाय (obligatory measures) अपनाने पड़ते हैं।

Outstanding- बाकी, बकाया, उत्कृष्ट

बाकी-"बैंक ऑफ इंडिया" से लिए गए ऋण की अभी भी चार किस्तें भुगतान हेतु बाकी हैं।

बकाया-कृपया बकाया शेष का भुगतान करें।

उत्कृष्ट–संबंधित स्टाफ-सदस्य के उत्कृष्ट कार्य-निष्पादन (outstanding performance) पर उन्हें प्रशंसा- पत्र प्रदान किया गया।

Paid - प्रदत्त, अदा किया गया, वैतनिक

प्रदत्त - प्रदत्त पूंजी से आशय कंपनी द्वारा शेयर धारकों से वास्तव में संग्रहीत की गई रकम से है।

अदा किया गया - उक्त कंपनी द्वारा सभी प्रत्यक्ष करों या अन्य देयताओं को अदा किया गया।

वैतनिक – संबंधित संस्था में लगभग सौ वैतनिक कर्मचारी हैं।

Post - पद, डाक में डालना, दर्ज करना, पद पर नियुक्त करना, तैनात करना

पद - वह "इंडियन बैंक" में प्रबंधक के पद पर कार्यरत है।

डाक में डालना - कृपया इस पत्र को डाक में डाल (post) दें।

दर्ज करना - सभी पैंडिंग प्रविष्टियां इस माह के अंत तक दर्ज कर दी जाएं।

पद पर नियुक्त करना - राजीव को आशुलिपिक के पद पर नियुक्त (posted as……) किया गया।

तैनात करना - बॉर्डर पर दो पुलिस मैन तैनात किए गए।

Return - विवरणी, प्रतिलाभ, लौटाना, वापिस करना

विवरणी - कृपया अपने लाभ-हानि खाते की विवरणी जून 2013 के अंत तक अवश्य ही प्रस्तुत कर दें।

प्रतिलाभ – विभिन्न उद्योगों की फर्मों में परिसंपत्तियों पर प्रतिलाभ सामान्यत: बिल्कुल अलग-अलग होता है।

लौटाना - लायब्रेरी की पुस्तकें जारी किए जाने की तारीख से 15 दिन के भीतर अवश्य ही लौटानी होंगी।

वापिस करना - शर्ट ठीक न होने के कारण रीना ने उसे वापिस कर दिया है।

Settlement - निपटान, समझौता, बंदोबस्त,

निपटान– किसी लेन-देन को पूरा करने के लिए निधि-अंतरण की सहमत तारीख निपटान तारीख कहलाती है।

समझौता-कल दोनों पक्षों ने मिलकर उस विवादास्पद मुद्दे पर आपस में समझौता किया।

बंदोबस्त- सरकार ने नरेला में झुग्गी वालों के रहने का बंदोबस्त किया।

State- राज्य, स्थिति, बताना, वर्णन

राज्य –राज्य सरकारों द्वारा भारतीय रिजर्व बैंक से लिया जाने वाला अस्थायी अग्रिम अर्थोपाय अग्रिम कहलाता है।

स्थिति-उनकी मानसिक स्थिति (state of mind) ठीक नहीं है।

बताना- अमुकस्टाफ सदस्य ने अपने मित्र को प्रश्न-पत्र के विषय में बताया।

वर्णन –कक्षा में छात्र ने शिक्षक के कहने पर स्वतंत्रता -दिवस समारोह का वर्णन किया।

Subscribe- समर्थन करना, चंदा देना, ग्राहक बनना

समर्थन करना-राजीव ने अभिसाक्षी के बयान का समर्थन किया।

चंदा देना- उक्त कंपनी ने अंध महाविद्यालय को रू. 10,000/- वार्षिकी का चंदा देना स्वीकार किया।

ग्राहक बनना- मैंने "इंडिया टुडे" पत्रिका की ग्राहकी (subscription) हेतु फॉर्म भरा है।

Security- प्रतिभूति, सुरक्षा, जमानत

प्रतिभूति- जिस प्रतिभूति को निवेशक उस की परिपक्वता तक रखना चाहता है और रख भी सकता है, परिपक्वता तक धारित प्रतिभूति कहलाती है।

सुरक्षा-भारतीय स्टेट बैंक ने सुरक्षा गार्ड की नियुक्ति हेतु विज्ञापन दिया है।

जमानत- ऋण के लिए चल संपत्ति पर जमानत के रूप में सृजित ऋण भार दृष्टि बंधक कहलाता है।

Term-मियाद, अवधि, शर्त, पद

मियाद -एक निश्चित अवधि के लिए दिया गया ऋण मियादी ऋण कहलाता है।

अवधि–इस पाठ्यक्रम की अवधि तीन वर्ष है।

शर्त–बागवानी का यह ठेका उन्हें कतिपय निर्दिष्ट शर्तों (terms) पर दिया गया है।

पद-"कावेरी प्रकाशन" ने पद-शब्दावली (Glossary of Terms) का अद्यतन संस्करण निकाला है।

Title –शीर्षक ,उपाधि, स्वत्वाधिकार, हक

शीर्षक –कृपया अपनी पत्रिका का शीर्षक निर्दिष्ट करें।

उपाधि- उन्हें "भारत-रत्न" की उपाधि (title) से सम्मानित किया गया।

स्वत्वाधिकार- दावेदार का स्वत्वाधिकार कानूनी अधिकार कहलाता है।

हक –हक विलेख (title deed) द्वारा किसी भूमि अथवा संपत्ति पर किसी व्यक्ति का कानूनी अधिकार होने का साक्ष्य बनता है।

❑

अध्याय-9

मिलते-जुलते शब्द –विशिष्ट अर्थ

1. अग्रदाय (imprest)- अग्रदाय राशि से अभिप्राय उस निश्चित राशि से है जो किसी व्यक्ति को फुटकर रोकड़ व्यय को नियंत्रित करने के लिए दी जाती है।

प्रदाय (supply)- दिल्ली विद्युत प्रदाय संस्थान को अब निजीकृत कर दिया गया है।

2. अग्रिम (advance)- सभी संबंधित स्टाफ सदस्यों को कंप्यूटर अग्रिम के रूप में 20,000/-की राशि प्रदान की गई।

अग्रता (priority)- लघु व्यवसायियों,विद्यार्थियों आदि को सरकारी बैंकों द्वारा अग्रता अथवा प्राथमिकता आधार(priority basis) पर अपेक्षाकृत कम दरों पर ऋण प्रदान किया जाता है।

3. अग्रेषण (forwarding)- विप्रो कंपनी को भेजे जाने वाले पत्र के साथ कृपया अग्रेषण नोट (forwarding note) भी लगाएं।

प्रेषण (dispatch)- वे भारतीय स्टेट बैंक के प्राप्ति एवं प्रेषण (receipt & dispatch) अनुभाग में कार्यरत हैं।

परेषण (consignment)- परेषण से अभिप्राय है किसी विक्रेता/परेषक से माल का वास्तविक अंतरण।

संप्रेषण (communication)- जिंदगी में आगे बढ़ने के लिए संप्रेषण का प्रभावशाली होना अनिवार्य है।

विप्रेषण (remittance)- सामान्य बैंकिंग तंत्र के माध्यम से विदेश से विप्रेषण प्राप्त हुआ।

4. अनुलग्नक (enclosures)- कृपया संबंधित पत्र के अनुलग्नकों (enclosures) की संख्या निर्दिष्ट करें।

अनुबंध (annexure)- पत्रमें निर्दिष्ट व्यय-राशि का ब्योरेवार विवरण इससे संलग्न अनुबंध vi में देखें।

5. अमानत, **न्यास** (trust)- गिरवीकर्ता द्वारा ऋण के प्रयोजनार्थ बैंक के पास जमा कराए गए माल को अथवा उसके बिक्री-आगमों को बैंक के लिए अमानत स्वरूप अथवा न्यास स्वरूप रखा गया है।

जमानत (security,bail)- उन्हें जेल से छुड़वाने के लिए जमानतस्वरूप (as security) रू. 5000/- की राशि का भुगतान करना पड़ा।

6. अतिक्रमण (violation)- नियमों का अतिक्रमण दंडनीय अपराध है।

अधिक्रमण (supersession)- 08 जुलाई 2012के आदेश के अधिक्रमण में संबंधित स्टाफ सदस्यों को 12 अगस्त 2012 से प्रशिक्षण हेतु पुन: प्रतिनियुक्त किया जाता है।

7. अधिकार (right)- सूचना का अधिकार अधिनियम 2005 के अंतर्गत सभी नागरिकों को इस अधिनियम के उपबंधों के अधीन रहते हुए सूचना प्राप्त करने का अधिकार होगा।

परमाधिकार (prerogative)- महाशिवरात्रि के पर्व पर सार्वजनिक अवकाश का अधिकार सरकार का परमाधिकार है।

विशेषाधिकार (privilege)- सोसायटी की सेवा का अवसर प्राप्त होना स्वयं में विशेषाधिकार है ।

8. अनुपूरक (supplementary)- कृपया इस पत्र के साथ अनुपूरक दस्तावेज भिजवाने की व्यवस्था करें।

प्रतिपूरक (compensatory)- कल बैठक में प्रतिपूरक कराधान सिद्धांत की विस्तृत चर्चा की गई।

9. अभिकरण (Agency)- उन्हें जीविकोपर्जन के लिए भारत सरकार की ओर से गैस-अभिकरण (Gas agency) प्रदान किया गया है।

प्राधिकरण (Authority)- वे दिल्ली विकास प्राधिकरण में कार्यरत हैं।

10. अनुप्रमाणन (Attestation)- कृपया इस प्रमाण-पत्र की अनुप्रमाणित प्रति संलग्न करें।

अधिप्रमाणन (Authentication)- सभी संबंधित दस्तावेज सक्षम प्राधिकारी द्वारा अधिप्रमाणित होने चाहिए।

11. आदेश (order)- संबंधित स्टाफ-सदस्यों का स्थानांतरण केंद्रीय कार्यालय के 13 मार्च 2013 के आदेश के तहत किया गया है।

अनुदेश (instruction)- संबंधित मामले के संदर्भ में कृपया केंद्रीय कार्यालय के अनुदेश देखें।

12. अध्यादेश (ordinance)- इस संबंध में भारत के राष्ट्रपति द्वारा अध्यादेश जारी किया गया।

अधिदेश (mandate)- उसने अपने बचत खाते से धनराशि के आहरण के संबंध में अपने बैंक को अधिदेश प्रस्तुत किया।

व्यादेश (injunction)- किसी व्यादेश की अवहेलना होने पर उसे न्यायालय की मान-हानि मानते हुए संबंधित कार्यवाही का सामना करना पड़ सकता है।

13. अंतिम (final)- यह उनका सी.ए. परीक्षा का अंतिम सत्र है।

अनंतिम (provisional)- अनंतिम ड्राइविंग लाइसेंस स्वीकार नहीं किया जाएगा।

अंतरिम (interim)- अंतरिम वित्तीय सहायता के रूप में सभी स्टाफ सदस्यों को रू. 5000/- की राशि प्रदान की गई।

14. अनिवार्य (compulsory)- पासपोर्ट बनवाने के लिए अपना मूल पहचान-पत्र साथ ले जाना अनिवार्य है।

अपरिहार्य (indispensable)- जीवन के लिए जल अपरिहार्य है।

आवश्यक (necessary)- सफलता के लिए मेहनत आवश्यक है।

अवश्यंभावी (inevitable)- परिवर्तन अवश्यंभावी है।

15. अपेक्षित (required)- सभी स्टाफ-सदस्यों के लिए यह अपेक्षित है कि वे नियमों का पालन करें।

वांछनीय (desirable)- उक्त पद के लिए पी.एच.डी की डिग्री वांछनीय है।

16. आर्थिक (economic)- आर्थिक संकेतक राष्ट्रीय अर्थव्यवस्था की प्रवृत्ति दर्शाने वाले संकेतक होते हैं।

वित्तीय (financial)- यह ग़ैर-बैंकिंग वित्तीय संस्था है।

राजकोषीय (fiscal)- भारत सरकार की राजकोषीय नीति केंद्र सरकार-वित्त मंत्रालय द्वारा बनाई जाती है।

मौद्रिक (monetary)- मौद्रिक नीति का संचालन केंद्रीय बैंक द्वारा किया जाता है।

17. आवासीय (residential)- दिल्ली विकास प्राधिकरण ने रोहिणी में आवासीय प्लॉटों का ड्रा निकाला है।

प्रवासी – भारत वर्ष में अनेक प्रवासी विभिन्न स्थानों से आकर बसे हुए हैं।

18. उपचित (accrued)- कृपया आप अपनी जमा राशि पर उपचित ब्याज की रकम निर्दिष्ट कीजिए।

संचित(accumulated)- उनकी अब तक की कुल संचित जमाराशि एक करोड़ पैंतीस लाख रूपए है।

19. उधार (loan)- उन्होंने दुकानदार से संबंधित पुस्तकें उधार ली हैं।

कर्ज (debt)**)**- कर्जकी संकल्पना ऋण की संकल्पना से अधिक व्यापक है।

20. एकाधिकार (monopoly)- हर्बल प्रसाधन उत्पादों में उन्हें एकाधिकार प्राप्त है।

परमाधिकार (prerogative)- महाशिवरात्रि पर्व पर सार्वजनिक अवकाश घोषित करना सरकार का परमाधिकार है।

21.उल्लंघन (contravention)- कार्यालय में नियमों का उल्लंघन दंडनीय अपराध है।

भंग (breach)- स्टाफ-सदस्य ने बैठक में अनुशासन भंग किया।

अतिलंघन (infringement)- उन्होंने स्थानीय युवा वर्ग के मानवाधिकारों का अतिलंघन किया।

22. सावधि (fixed)- मैंने पंजाब नैशनल बैंक में पांच वर्ष की अवधि के लिए 10 प्रतिशत दर वार्षिक पर सावधि जमा खाता खोला है।

प्रविधि (technique)- आजकल कंप्यूटर के क्षेत्र में एक से बढ़कर एक नई प्रविधि अपनाई जा रही है।

23. प्रतिस्थापन (substitution)- कार्यालय में रीना के लंबी छुट्टी पर जाने के कारण उसकी जग़ह सीमा को प्रतिस्थापित किया गया है।

प्रतिष्ठान (concern)- निक्षेप बीमा और प्रत्यय गारंटी निगम एक विश्वसनीय प्रतिष्ठान है।

24. परिवर्तन (change)- परिवर्तन ही जीवन है।

प्रत्यावर्तन (repatriation)- सरकार द्वारा स्वदेश प्रत्यावर्तन रियायतें बढ़ा दी गईं।

25. मानक (standard)- ये मसाले भारतीय मानक संस्थान (Indian Standard Institution) द्वारा प्रमाणित हैं।

मानद, अवैतनिक (honorary)- वे सोसायटी में मानद सचिव हैं।

26. मूल्यन (valuation)- जिस मुद्रा की आधिकारिक विनिमय दर उसकी विदेशी मुद्रा बाजार में प्रचलित दर से कम हो, अधो मूल्यन मुद्रा कहलाती है।

मूल्यवान (valuable)- उनकी विदेशी घड़ी बहुत ही मूल्यवान है।

मूल्यांकन (appraisal)- उनके कार्य का वास्तविक मूल्यांकन किया गया।

27. वर्तमान (present)- आजकल वर्तमान स्थितियों में तेजी से परिवर्तन हो रहा है।

वर्धमान (increasing)- पिछले कुछ दिनों से नेशनल स्टॉक एक्स्चेंज का सूचकांक वर्धमान प्रवृत्ति की ओर है।

28. सरकारी (governmental)- यह एक सरकारी दस्तावेज है।

सहकारी (co-operative)- वे एक सहकारी बैंक में कार्यरत हैं।

29. समापन (conclusion)-जांच कार्यवाही के समापन में उनके विरुद्ध लगाए गए दोषों को सही पाया गया।

परिसमापन(liquidation)- कतिपय शहरी बैंकों की वित्तीय स्थिति की जांच के उपरांत उन्हें परिसमापनाधीन (under liquidation) किया गया।

30. पत्र (letter)- संबंधित स्टाफ सदस्य को उनके उत्कृष्ट कार्य-निष्पादन पर प्रशंसा-पत्र (appreciation letter) प्रदान किया गया।

प्रपत्र (instrument)- परक्राम्य प्रपत्र (negotiable instrument) एक ऐसा दस्तावेज है जो कानूनी धारक को निर्दिष्ट धनराशि पाने का अधिकारी बनाता है।

पारपत्र (passport)- उन्होंने अपना पारपत्र नवीकृत करवाने के लिए फॉर्म प्रस्तुत किया ।

परिपत्र (circular)- स्टाफ-सदस्यों की वार्षिक वेतनवृद्धि संबंधी परिपत्र 08 जुलाई 2013 को जारी किया गया ।

विपत्र (bill)- संबंधित स्टाफ -सदस्य ने फॉर्म में वसूली के लिए प्राप्त विदेशी बिलों की कुल संख्या निर्दिष्ट की।

31. नियम (rule)- बैंकिंग से जुड़े लोगों के लिए निवेश के संबंध में 72 के नियम की जानकारी महत्वपूर्ण है।

अधिनियम(act)- राजभाषा अधिनियम 1963 (यथा संशोधित 1967)10 मई 1963 को बनाया गया।

32. विनिमय (exchange)- जिस दर पर एक मुद्रा का किसी दूसरी मुद्रा में विनिमय होता है, विनिमय दर कहलाती है।

विनियमन (regulation)- बैंकिंग विनियमन अधिनियम की धारा 21 के अनुसार बैंकों के ब्याज दरों के विनियमन का अधिकार भारतीय रिजर्व पर निहित है।

33. नियमन (regularization)-उनकी अनुपस्थिति की अवधि को बिना वेतन के असाधारण छुट्टी स्वीकृत कर नियमित (regularize) किया गया।

नियतन (fixation)- स्टाफ-सदस्यों का वेतन नियतन (pay fixation) समय-समय पर होने वाले वेतन-समझौतों के अनुसार निर्धारित होता है।

34. निगमित (incorporated)- भारत में निगमित कंपनी कंपनी अधिनियम 1956 द्वारा शासित है।

निर्गमित (issued)-भारतीय रिजर्व बैंक अधिनियम 1934 की धारा 23(1) के तहत बैंक नोट रिजर्व बैंक द्वारा निर्गमित किए जाते हैं।

35. निदेश (directives)- ग़ैर बैंकिंग वित्तीय कंपनियों के प्रत्यक्ष वित्तपोषण के संबंध में अभी हाल ही में भारतीय रिजर्व बैंक से निदेश (directives) प्राप्त हुए हैं।

निवेश (investment)- निवेश बैंकिंग से आशय विशेषज्ञ बैंकों द्वारा प्रदान की जानेवाली विभिन्न वित्तीय सेवाओं से है।

36. निबंध(essay)- हिंदी समारोह के अवसर पर निबंध प्रतियोगिता का आयोजन किया गया।

निर्बंध (blanket)-बड़े निर्यात संगठनों को निर्बंध विदेशी मुद्रा परमिट की सुविधा प्रदान की गई ।

प्रतिबंध (sanctions)- भारत सरकार द्वारा कुछ वस्तुओं के निर्यात पर आर्थिक प्रतिबंध (economic sanctions) लगाए गए हैं।

37. संविदा (contract)- संविदागत वित्तपोषण से अभिप्राय है किसी (contract) करार के अंतर्गत निधियां उपलब्ध करवाना।

निविदा (tender)-राजभाषा अधिनियम1963 के अंतर्गत सरकारी कार्यालयों द्वारा अन्य दस्तावेजों के साथ-साथ निविदा-सूचनाएं (tender notices) अनिवार्यत: द्विभाषी रूप में जारी की जाएं।

38. पूंजी (capital)-पूंजी बाजार वित्तीय बाजार का एक भाग है जहां कंपनियां निगम शेयर, बॉन्ड आदि लिखतों द्वारा पूंजी प्राप्त करते हैं।

पंजी (register)-कृपया उपस्थिति पंजी (attendance register) में सभी की हाजिरी दर्ज करें।

39. पंजीकृत (registered)- कृपया संबंधित पत्र पंजीकृत डाक द्वारा भेजें।

पूंजीकृत (capitalized)- पूंजीकृत बजट सरकार की पूंजीगत प्राप्तियों एवं भुगतानों को समाहित करता है।

40. परिवीक्षा (probation)- राम को बैंक में नियुक्ति के पश्चात छह माह की अवधि के लिए परिवीक्षाधीन (on probation) रखा गया है।

समीक्षा (scrutiny)- संबंधित रिपोर्ट महाप्रबंधक के पास समीक्षा के लिए भेजी गई।

41. परिणाम (result)- सीएआईआईबी परीक्षा का परिणाम 20 जुलाई 2013 को घोषित किया गया।

परिमाण(quantity)- उस देश के पास हथियार, गोला-बारूद काफी परिमाण में हैं।

42. श्रमिक (labourer)- उस कंपनी ने श्रमिकों को दैनिक मजदूरी के रूप में रू. 250/- की राशि प्रदान की।

पारिश्रमिक (remuneration)- बोर्ड ग़ैर कार्यकारी निदेशकों का पारिश्रमिक स्वयं निर्धारित करता है।

43. निरीक्षण (inspection)- संसदीय राजभाषा समिति द्वारा केंद्रीय कार्यालय का निरीक्षण 20 जून 2013 को किया गया।

परीक्षण (test/ trial)- उनकी सामान्य स्वास्थ्य -जांच हेतु डॉक्टर द्वारा उनका नेमी रक्त-परीक्षण (routine blood test) किया जाना है।

पुनरीक्षण (review)-हमारी समस्त रिपोर्टों को केंद्रीय कार्यालय प्रस्तुत किए जाने से पूर्व विशेषज्ञों द्वारा उनका पुनरीक्षण किया गया ।

44. निमंत्रण (invitation)- मुझे सेमिनार में भाग लेने का निमंत्रण प्राप्त हुआ।

नियंत्रण (control)- विश्वव्यापी आतंकवाद के इस युग में हम अपनी सीमाओं पर नियंत्रण खो बैठे हैं।

45. कार्यवाही (proceedings)- जांच की कार्यवाही यहीं समाप्त की जाती है।

कार्रवाई (action)- कृपया इस पत्र पर तत्काल कार्रवाई करें।

46. निलंबित (suspended)- संबंधित स्टाफ-सदस्य को उसके कदाचरण के लिए निलंबित किया जाता है।

विलंबित (delayed)- बाल-अपहरण का दोष सिद्ध होने पर भी अभियुक्त की सजा को विलंबित किया गया।

47. अवरुद्ध (blocked)- सभी प्राधिकृत विदेशी मुद्रा व्यापारियों को अवरुद्ध खाते रखने की अनुमति है।

विरुद्ध (against)- विपक्षी दल के एक सक्रिय कार्यकर्ता ने न्यायालय के निर्णय के विरुद्ध अपील दायर की।

48. विवरण (statement)- संबंधित लाभ-हानि खाते का विवरण तत्काल प्रस्तुत करें।

48. विवरणी (return)- पासपोर्ट बनवाने के लिए सभी दस्तावेजों के साथ-साथ आय-विवरणी (return of income) की प्रति भी प्रस्तुत करना अनिवार्य है।

49. प्रतिदेय (redeemable)- प्रतिदेय डिबेंचर (redeemable debenture) जारी करने वाली कंपनी एक निर्दिष्ट तारीख को अथवा निर्दिष्ट नोटिस अवधि के पश्चात उधार राशि चुकाने का करार करती है।

अतिदेय(overdue)- अतिदेय बिलों से अभिप्राय उन बिलों से है जिनका नियत तिथि के बाद भी भुगतान न किया गया हो।

50. अनुज्ञप्ति (license)- उन्हें माल बेचने के लिए लाइसेंस स्वीकृत किया गया।

अनुज्ञा (permit)- अधिक समय तक ठहरने के लिए उन्हें उपयुक्त कार्यालय से आवासीय अनुज्ञा (residential permit) प्राप्त करना होगा।

विज्ञप्ति(communique)- संबंधित समाचार में संशोधन करते हुए कल प्रेस-विज्ञप्ति जारी की गई।

51. विसंगत(irrelevant)- परीक्षा के दिनों में विसंगत तथ्यों पर चर्चा व्यर्थ है।

विसंगति (discrepancy)- आंकड़ों में पाई गई विसंगति का समाधान किया जाए।

52. विधि(law)- यह प्रावधान केवल विधि द्वारा अनुमत सीमा तक ही प्रभावी हो सकेगा।

संविधि/कानून (statute)- यू.एस.ए में सीधे लदान बिलों की स्थिति संविधि द्वारा शासित है।

विधिक (legal)- संशय के मामलों में विधिक सलाह प्राप्त करनी चाहिए।

वैध(valid)- इस दस्तावेज के साथ अद्यतन फोटोग्राफ और वैध पासपोर्ट की प्रति लगानी आवश्यक है।

विधिसम्मत (lawful)- ब्रिटेन में व्यापार में मैट्रिक वजन और माप का प्रयोग वर्ष 1897 से विधि सम्मत हुआ।

53. प्रतिभूति (security)- प्रतिभूति से अभिप्राय संपार्श्विक रूप में गिरवी रखी संपत्ति से है।

प्रतिभू (surety)- प्रतिभू बांड बांड फॉर्म के तहत एक करार है जो सामान्यत: बांड फॉर्म में निर्दिष्ट कतिपय शर्तों के पूरा न कर पाने पर आर्थिक क्षतिपूर्ति के लिए अपेक्षित है।

जमानत (bail)- उस युवक को संबंधित सभी रिपोर्टें प्राप्त होने तक शर्तरहित जमानत पर छोड़ा गया।

54. न्यायाधीश (judge)- सभी न्यायाधीश दस वर्ष की अवधि के लिए नियुक्त किए गए।

न्यायिक (judicial)- तथ्यों की न्यायिक जांच की गई।

55. निर्णय (judgement)- बोर्ड द्वारा सभी स्टाफ सदस्यों को एक-एक वेतनवृद्धि देने का निर्णय लिया गया।

अधिमत(verdict)- न्यायाधीश द्वारा संबंधित आपराधिक मामले पर कल अधिमत दिया जाएगा।

56. रियायत (concession)- सरकार द्वारा वरिष्ठ नागरिकों को रेल-किराया में रियायत प्रदान की गई।

छूट (rebate)- उन्हें वस्त्रों की खरीद पर कुल 5% की छूट प्रदान की गई।

बट्टा (discount)- कोई बैंकर किसी बिल को उसके अंकित मूल्य पर बट्टा प्रदान करते हुए बेच सकता है।

57. संशोधन (amendment)- महाप्रबंधक द्वारा बैठक के ड्राफ्ट में अनेक संशोधन किए गए।

58. परिशोधन (revision)- चतुर्थ श्रेणी स्टाफ-सदस्यों के वेतनमान में जनवरी 2013 से परिशोधन किया गया।

आशोधन (modification)- वरिष्ठ प्रबंध-तंत्र द्वारा संबंधित आदेश में आंशिक आशोधन करते हुए उनकी सेवाएं बहाल की गईं।

❑

अध्याय-10

हिंदी-कुछ महत्वपूर्ण वेबसाइट

www. bhashaindia.com-

माइक्रोसॉफ्ट द्वारा विकसित इस साइट में हिंदी सहित विभिन्न भारतीय भाषाओं में काम करने के बारे में तकनीकी और व्यावहारिक जानकारी दी गई है। हिंदी के अतिरिक्त अंग्रेजी, बंगाली, गुजराती, कन्नड़, मलयालम, तमिल और तेलुगु भाषाओं में उपलब्ध इस साइट के माध्यम से कंप्यूटर पर कार्य करने के दौरान आने वाली विभिन्न कठिनाइयों का समाधान भी आसानी से प्राप्त कर सकते हैं।

www.shabdkosh.com-

जैसा कि नाम से ही स्पष्ट है, इस वेबसाइट के माध्यम से अंग्रेजी शब्द का हिंदी समानार्थी अथवा हिंदी शब्द का अंग्रेजी समानार्थी आसानी से देखा जा सकता है। इसकी एक विशेषता यह भी है कि हिंदी शब्द की अंग्रेजी ढूंढने के लिए हिंदी शब्द के टंकण हेतु इस साइट में चार तरह के की-बोर्ड ले-आउट दिए गए हैं। यही नहीं, ले-आउट का चयन करने पर उसका ले-आउट स्क्रीन पर भी दिखाई देता रहता है ताकि उसकी सहायता से हिंदी में आसानी से टाइप किया जा सके। साथ ही, एक अंग्रेजी सूक्ति उसके हिंदी अनुवाद के साथ भी प्रतिदिन इस साइट पर देखी जा सकती है।

www.hindinest.com

इस साइट की सबसे बड़ी विशेषता यह है कि इसमें कहानियां, कविताएं, संस्मरण, बच्चों के लिए सामग्री, रसोई, भक्ति, धर्म, परिवार, युवा और समाचार आदि सभी प्रकार की सामग्री सहज ही उपलब्ध हो जाती है। बच्चों को अपनी संस्कृति से रूबरू होने और शिक्षाप्रद कहानियों के माध्यम से स्वयं को सजग बनाने के लिए यह एक अच्छा मंच है। साथ ही संत कबीर के दोहे, जो इतना समय बीत जाने के बाद भी आज के बदलते संदर्भ में पूरी तरह प्रासंगिक हैं, भावार्थ और उनका अंग्रेजी अनुवाद इस साइट पर देखे जा सकते हैं।

www.abhivaykti.hindi.org

हिंदी साहित्य का विहंगावलोकन करने की दृष्टि से यह साइट स्वयं में अनूठी है। नए और पुराने लेखकों की कहानियां, प्रवासी भारतीय लेखकों द्वारा लिखी गईं तथा हिंदीतर भारतीय भाषाओं से अनुदित कहानियां इस वेबसाइट पर पढ़ी जा सकती हैं। इस साइट की एक विशेषता यह भी है कि यदि स्वयं द्वारा भी कुछ कहानियां लिखी गई हों तो उन्हें भी प्रकाशनार्थ इस साइट पर भेजा जा सकता है। इस प्रकार अपेक्षित सामग्री उपलब्ध करवाने के साथ-साथ किसी को भी लिखने के लिए प्रेरित करने में इसकी प्रभावी भूमिका है।

www.unicode.org

यूनिकोड आज व्यापक रूप से विश्वव्यापी सूचना आदान-प्रदान के मानक के रूप में स्वीकार किया जा रहा है क्योंकि बड़ी आई टी कंपनियों ने इसके लिए अपने समर्थन की घोषणा की है। यूनिकोड मानक में विश्व की लेखनबद्ध भाषाओं के लिए सब करैक्टरों के

इनकोड करने की क्षमता है। इससे हिंदी तथा अन्य भारतीय भाषाओं में कंप्यूटर पर अंग्रेजी की तरह ही सरलता से 100 प्रतिशत कार्य किया जा सकता है। इस पर कार्य करने से न केवल एकरूपता बनी रह सकती है बल्कि कार्यालय के सभी कार्य कंप्यूटर पर हिंदी में आसानी से होते हैं जैसे वर्ड प्रोसेसिंग, ई-मेल, वेबसाइट निर्माण आदि। साथ ही हिंदी में बनी फाइलों का आसानी से आदान-प्रदान करने के साथ-साथ हिंदी की-बोर्ड पर गूगल या किसी अन्य सर्च इंजन में सर्च कर सकते हैं। इसके लिए अलग से किसी अन्य सॉफ्ट्वेयर की जरूरत नहीं पड़ती और किसी भी भाषा में टाइप की गई सामग्री को किसी भी कंप्यूटर पर आसानी से पढ़ा और संपादित किया जा सकता है। इस वेबसाइट पर यूनिकोड से संबंधित सभी प्रश्नों यथा यूनिकोड क्या है, इसकी शुरुआत क्यों और कैसे हुई आदि का उत्तर सहज ही उपलब्ध हो जाता है। यूनिकोड का उपयोग करने में आने वाली कठिनाइयों का समाधान करने में यह साइट अत्यंत महत्वपूर्ण है।

www.rajbhasha.nic.in

राजभाषा विभाग, गृह मंत्रालय, भारत सरकार से संबंधित इस वेबसाइट में राजभाषा अधिनियम, राजभाषा नियम, संसदीय राजभाषा समिति की रिपोर्टों पर माननीय राष्ट्रपति द्वारा दिए गए आदेश, राजभाषा विभाग के विभिन्न कार्यालय, राजभाषा नियम 1976, विभिन्न पुरस्कार योजनाओं आदि के विषय में विस्तृत जानकारी दी गई है। इसके अतिरिक्त इस वेबसाइट में आसामी, बंगला, मराठी, तमिल, कन्नड़, मलयालम, मणिपुरी, उड़िया के माध्यम से हिंदी सीखने के लिए एक सॉफ्टवेयर भी दिया गया है। यह सॉफ्टवेयर नि:शुल्क उपलब्ध है। साथ ही सी-

डेक द्वारा विकसित "मंत्र" नामक अंग्रेजी से हिंदी में अनुवाद करने वाला सॉफ्ट्वेयर भी इस साइट पर उपलब्ध है।

www. Wordsmith.org

वर्ष 1994 में प्रारंभ की गई इस वेबसाइट का सदस्य बनने के बाद प्रतिदिन एक शब्द ई-मेल द्वारा उसके अर्थ, उसकी उत्पत्ति सहित भेजा जाता है। प्रतिदिन विभिन्न शब्दों पर चर्चा करने के साथ-साथ उनके उच्चारण और उनके संबंध में विस्तृत जानकारी प्राप्त करने की दृष्टि से यह वेबसाइट बेजोड़ है।

www.aajtak.com

देशभर के समाचार हिंदी में इस साइट पर देखे और सुने जा सकते हैं।सभी क्षेत्रों की अद्यतन गतिविधियों, आर्थिक उतार-चढ़ाव तथा खेल-जगत आदि से रूबरू करवाने में इस साइट की सशक्त भूमिका है।

www.bharatdarshan.co.nz

इस वेबसाइट पर "Bitstream Webfont player" **पर** "yes" क्लिक करते ही हिंदी का पृष्ठ दिखाई देने लगेगा। इस अत्यंत आकर्षक पृष्ठ पर लघु कथाएं, कविताएं और हिंदी में अन्य सामग्री सहज ही उपलब्ध हो सकेगी।

www.gitasupersite.org

इस साइट पर हिंदी में धार्मिक साहित्य विशेषत: भागवद्गीता हिंदी और अंग्रेजी लिपि में व्याख्यात्मक विवरण उपलब्ध है और साथ ही इसे संस्कृत में भी सुना जा सकता है।

www.hindisamachar.com

इस साइट पर भारतीय मीडिया द्वारा प्राप्त सभी रिपोर्टें , समाचार आदि देखें जा सकते हैं। संभव है कि यह विंडोज एक्स पी पर कार्य न करे।ऐसी स्थिति में इसे केवल इंटरनेट एक्स्प्लोरर (internet explorer) पर देखा जा सकता है। यह हिंदी के साथ-साथ अंग्रेजी और सात अन्य भारतीय भाषाओं में भी उपलब्ध है।

❑

GLOSSARY (शब्दावली)

बैंकिंग शब्दावली

"A"

"B"

प्रशासनिक शब्दावली

विधि शब्दावली

कम्प्यूटर शब्दावली

हार्डवेयर शब्दावली

सॉफ्टवेयर शब्दावली

वित्तीय अवधारणाएं

पारिभाषिकि शब्दावली

मिलते-जुलते शब्द

□□□